「あの人についていきたい」といわれる

一生使える「女性リーダー」の教科書

Textbook for Female leaders

株式会社プラウド代表取締役社長 山本幸美

大和出版

はじめに
優秀な女性リーダーには「共通点」がある――

女性の活躍推進がトレンドになりつつある現在、私は研修やコンサルティングを通じて、次のように悩んでいる女性に出会います。

「任されて引き受けたものの、リーダーの仕事は向いていない。つらいなあ」

「やっぱり女性がリーダーとしてやっていくのは難しいのでは?」

「上司からリーダー職を打診されたが、気が乗らない」

「男性や年上のメンバーのマネジメントに苦労している」

「家庭と仕事の両立をしながらリーダーの仕事を続けるのは難しい」

その一方で、リーダーの仕事を楽しみながら成果を上げ、メンバーからも**「あなたと一緒に働けて本当に幸せ」**といわれながら活躍している、とても幸せそうな女性リーダーにも出会います。

いったい、何が違うのでしょうか?

彼女たちの話を聞いていくうちに、成功している女性リーダーたちには、ある「共通点」があることに気づかされました。

そして、その共通点を7つの側面に分けたうえでまとめたのが、この本というわけです。

具体的には、次のようになります。


第1章では、女性リーダーの基本的なスタンスと考え方について。

第2章では、メンバーとのコミュニケーションで大切にしたいことについて。

第3章では、メンバーのタイプ別に、どうマネジメントをしていくかについて。

第4章では、メンバーのやる気を刺激する任せ方について。

第5章では、さまざまなタイプの上司とのつき合い方について。

第6章では、女性リーダーが見舞われるトラブルを回避する方法について。

第7章では、人生そのものをよくするための、自分磨きについて。


引っ張っていくだけの男勝りなマネジメントに限界を感じている女性リーダーや、「男性にはどうやっても勝てない」と悩んでいる女性リーダーにこそ、ぜひ身につけてほしいノウハウばかりです。

——と偉そうなことをいっていますが、私もリーダーになりたての頃は、たった2人しかいないメンバーから同時に「辞めたい」といわれてしまうという、まさに典型的なダメリーダー。

「リーダーを希望していたわけでもないのに引き受けてしまって後悔している」

「自分のことで手いっぱいで、メンバーのことまで面倒を見る余裕がない」

「指示される側から指示する側になって戸惑っている」

「メンバーが思うように動いてくれない」

その頃の私は、こんなふうに悩んでいた1人でした。

ところが、たくさんの失敗や挫折をし、ときには涙し、人一倍、遠回りを経験しながらも、目の前のことに精いっぱい取り組んできたことで、手に余るほどの気づきや勇気、そしてたくさんの仲間を得ることができました。

さらには、**「人を育て、一緒に成長するとは、こういうことなのか」**と生きていくうえでの最大の気づきもありました。

いまでは3人の子育てをしながら、仕事との両立を実践中ですが、リーダーとして学んだことが日々の生活にすべて活かされています。

過去の私のように、リーダーというと、「責任が重くのしかかる」「自分の時間がもてない」などマイナスのイメージをもっている人が多いかもしれません。

しかし、いまの私がいえることは、**「リーダーというのは、ぜひ全員の女性に経験してほしいと思うくらい素晴らしい仕事」**だということです。

かかわる人を幸せに導き、自分自身も幸せになれる、いえ、目の前の相手と一緒に幸せを分かち合える――。

そんなやりがいを感じられる仕事だともいえます。

大丈夫。

この本に書かれていることを実践していただければ、必ずあなたにも私と同じように感じる日がやってきます。

やるべきことは、ほんの少し思考と行動を変えるだけ。

皆、それだけで女性リーダーとして輝きながら仕事をしているのです。

難しいことは何1つありません。

さあ、準備はよろしいですか？

それでは本文でお会いしましょう。

株式会社プラウド　山本幸美

一生使える「女性リーダー」の教科書

目次

第1章

すべてはここを押さえることから始まる！
――女性リーダーの基本

第2章
「あの人になら何でも話せる」といわれる！
──コミュニケーションの基本

第3章

すべてのメンバーがなくてはならない存在になる！

――マネジメントの基本

第4章

メンバーがやる気になる、目の色がガラリと変わる！

——任せ方の基本

第5章

いつの間にか「最強の味方」に変わる！
——上司とのつき合い方の基本

第6章

女性リーダーならではの悩みがスッキリ解消する！
——トラブル回避の基本

第7章

こうするだけで驚くほど仕事と人生が好転する!

——自分磨きの基本

本文デザイン／村﨑和寿（murasaki design）

第1章

すべてはここを押さえることから始まる！

――女性リーダーの基本

リーダーは、メンバーを支配する必要はありません。
強烈な個性（カリスマ性）も必要ありません。
求められるのは、いかにメンバーに尽くし、いかにメンバーを支援し、導くか。
あなたが女性リーダーとして組織を活性化させ、大きな成果を収め、
それでいてムリなくマネジメントをするための、
女性リーダーとしての心がまえの基本を身につけましょう。

1 男性型のマネジメント法では限界がやってくる

「俺について来い！」

とくに男性に多く見られるのですが、トップダウン形式でマネジメントをするリーダーの場合、「課長だから」「部長だから」といった具合に、役職を前面に押し出してコミュニケーションをしていることが多いようです。

多くの組織で見られるマネジメントスタイルですから、メンバーもごく自然にそういった上下関係を受け入れていることでしょう。

では、女性リーダーもそれと同様、縦型のマネジメントスタイルを選べばよいのでしょうか？

結論からいうと、縦型のマネジメントを女性が実践した場合、**「女のくせに偉そうにしやがって」**と、とくに男性メンバーから反感をもたれることが少なくないというのが私の実感です。

「男は女より強くあるべき」という自尊感情が損なわれるためか、プライドが保てないと思う男性メンバーも出てくるのです。

しかも、まだまだ数的にはマイノリティな存在の女性リーダーには、メンバーから「本当に実力はあるのか？　上司にごまをすって出世したのではないのか？」と厳しい目を向けられることもあるでしょう。

そのような点からいっても、男性リーダーと同じような上下関係を結ぼうとしても難しい場合が多いのです。

では、どうすればよいのか？

そこで私がお勧めするのが**「横型マネジメント」**です。

具体的には、メンバーのサポートに回ったり、メンバー全員を主役に盛り立てる**「見守り型（母性型）スタイル」**のマネジメントですね。

誤解を恐れずにいえば、とくに女性メンバーというのは課長や部長といった肩書や権威は二の次、三の次。

何よりも重視しているのが、**「そのリーダーが心から信じられる人かどうか？」**ということです。

「ムリして男性リーダーのように振る舞わなくても大丈夫」と肩の荷を下ろして、女性であることに自信をもってマネジメントに臨みましょう。

2

「上から目線」でも「下から目線」でもメンバーは伸びない

男性リーダーによく見られがちな、上からの権力行使型のいわゆるトップダウン形式のマネジメントは女性リーダーにはあまりお勧めではない、と先にお話ししました。

女性リーダーにとって、このマネジメントスタイルの最大のデメリットは、このような権力行使型の場合、一歩間違えると、いわゆる恐怖政治のようになる、すなわち**「メンバーが委縮するようになり、しだいにリーダーと違う意見を出さなくなる」**ということになりかねないところにあります。

なかには、リーダーに嘘の報告を上げてでも、自分をよく見せようとしたり、クレームなど都合が悪いことも黙っていたりするメンバーも出てきます。

では、「私もリーダーになりたてで自信がないから」「私なんてまだまだ」「私は女性だから」などと下手に出て、メンバーのご機嫌を伺いながら、丁重に接する態度に出るのがよいのでしょうか？

答えはＮＯです。常に下手に出ているようでは、結果として、**「いいたいことがあって**

も何もいわない（いえない）リーダー」になってしまうからです。

たとえば、明らかにメンバーがダメなことをしているのに、それがいけないことだと注意できなくなるのです。

とくに女性リーダーによく見られるのが、男性メンバーに遠慮してしまうケース。

そういうリーダーを見ると、メンバーはこう思います。

「ああ、『長いものには巻かれろ』のことなかれ主義か」「実力主義ではない。頑張っても成果以外のところでひいきする」「自分が苦手な相手には下手に出る。こんな人にはついていきたくない」「公平平等でないから、やりがいがない」……。

そして、それはリーダーにとって想像以上のストレスとなり、自分を苦しめることにもつながります。

女性リーダーとして必要なこと。

それは上から目線でも下から目線でもなく、常に**「私も皆と一緒にさらに成長したい、もっと学びたい！　一緒に頑張ろう！」**というスタンスでいることです。

そんな女性リーダーは、メンバーにとって、とても身近な存在。

「〇〇リーダーですら、『まだまだ学びたい』というんだから、私たちももっと頑張らなくては」と思わせる、まさにメンバーにとって等身大のロールモデルになるのです。

3

女性リーダーには「サーバント・リーダーシップ」がマッチする

さて、女性リーダーは上から目線でも下から目線でもダメで、「ともに成長していこう」というスタンスが大切だとお話ししました。

では、それを実現するには、具体的にはどのような形でリーダーシップをとればよいのでしょうか？

それはズバリ、**「サーバント・リーダーシップ」**です。

サーバント・リーダーシップとは、シンプルにいえば、**「メンバー全員が主役になれるリーダーシップ」**のこと。

つまり、女性リーダーが黒子役の立ち位置に徹するのです。

メンバーのために一生懸命に尽くす。リーダーではなく、メンバーがスポットライトを浴びる形です。

サーバント・リーダーシップを実践できると、メンバーは、仕事をするのが心から楽しくなります。なぜなら、業績が上がれば、リーダーだけではなく、メンバーも賞賛されることになるのですから。

そんなリーダーになるには、まずは、**「ここにいるだれか1人が欠けても、このチームは成り立たない」**と声を大にして、何度もメンバーに公言することです。

リーダーにそう期待されることで、メンバーは「自分が必要とされている」という充実感から、いまよりもはるかに主体的に動いてくれるでしょう。

しかし、いつも黒子役としてメンバーを支えているだけではダメ。

イメージとしては、8割をサーバント・リーダーシップで臨み、2割は強力なリーダーシップを発揮する、という感じです。

たとえば、何かを変えようとするときなどは、自分が率先してものごとを決断していく。けれども、それを実行していくプロセスでは、徹底的にサーバント・リーダーとして支える。

リーダーとして引っ張るだけではなく、やらせてみて、後はフォローに回るという使い分けができると、マネジメントにメリハリが出てきます。

そしてそれが、男性にはないリーダーの形に変わっていくのです。

あるときは見守り、あるときは引っ張るという両方のマネジメントができれば鬼に金棒。いうなれば、母性8割、父性2割のイメージがうまくいくコツです。

4
メンバーの売り込みが上手な女性リーダーを目指そう

女性リーダーには**「プレゼン力」**が求められます。

ただし、ここでいうプレゼン力とは、営業マンのようにセールストークが上手になることや、コンサルタントのように自分の実績や能力を高く見せることを指しているのではありません。

ズバリ、メンバーの評価を高めるためのプレゼン力です。

実際に、優秀な女性リーダーほど、上層部と一緒になったとき、

「メンバーの○○さんは、こんなに成長しています！」

「こんなことをやってくれています！」

と宣伝しています。

その一方、ダメな女性リーダーほど、上層部に「メンバーの○○は本当にダメなんですよ」とけなしつつも、メンバーからは自分を高く評価されることを期待しています。

そんなリーダーが、メンバーから信頼されるわけがありませんよね。

忘れないでほしいのは、リーダーこそ、メンバーの**「広告塔」**だということです。

たとえば、上層部の前などで業績を発表する際には、必ずメンバーの手柄や、優れている点を織り交ぜたプレゼンを考えましょう。

メンバーがいないところで上手にプレゼンできれば、メンバーの価値が上がり、ひいてはそんなメンバーを育てているあなた自身の評価にもつながります。

さらには、上層部から「リーダーが君のことを『頑張っている』っていってたよ！」とメンバーが聞かされたときの喜びはひとしおでしょうし、そういうプレゼン上手な女性リーダーは、自然と多方面から引き立てられることにもなるのです。

先に「女性リーダーはサーバント・リーダーシップを意識するとうまくいく」とお話ししましたが、ぜひ、こういったプレゼンの場面でもメンバーを主役にすることを心がけてください。

「こんなことができるようになったんですよ！」とメンバーの変化を上手にプレゼンできるようになれば、**「懐が広い！　さすがリーダー！」**とメンバーからも支持されるようになるでしょう。

5 「生き方」「価値観」が違うメンバーをどう活かすか？

大手食品メーカーで係長をしていたB子さんの話です。

「プライベートを犠牲にして働く女性は尊敬できる！」「やっぱり女性リーダーは男勝りにならなくちゃね」「子育てをしながら、いい仕事なんてできるわけがない」などと他の女性を見ては、思ったことを口にしていました。

その結果、「『自分が正しい』という思い込みが激しい女性」というレッテルを貼られてしまうハメに。

彼女に足りなかったものは何でしょうか？

それは、それぞれの人がもっている**「価値観」**に配慮できる姿勢です。

リーダーになれば、自分と似たタイプの人とばかり群れることはできません。

むしろ自分と違う生き方をしている人や、違う環境の人など、幅広くどの層からも、支持を得られるよう努力することが必要です。

具体的には、自分の発言を聞いた人が「どう感じるか」まで考えたうえで発言、行動で

きることが女性リーダーの条件の1つということ。

先にもお伝えしたように、女性リーダーは社会全体で見れば、まだまだマイノリティな存在です。

そのため、女性リーダーには、気遣いや教養が男性リーダー以上に求められます。

これができないと、どうなるでしょう?

いつも自分と同じ価値観や考え方をするメンバーを探し、自分と似たタイプばかりをえこひいきする、残念なリーダーになりかねません。

自分と違う生き方を志向していたり、価値観が違うメンバーをいかに活かすかが、リーダーとして生き残っていけるかどうかのターニングポイントになります。

「そういう考え方もあるんだね!」「〇〇さんのような生き方に憧れるわ!」「〇〇さんのこんなところを見習わなくちゃ」「この分野は〇〇さんのほうが詳しいから教えてほしい」などと、たとえ自分の思想や信条、価値観と真逆の相手であったとしても、相手に歩み寄り、きちんと配慮した会話ができるようになれば一人前です。

そうすれば、どんなメンバーでも心を開いてくれ、結果として彼らの力を伸ばすことができるようになるでしょう。

6

女性リーダーとして押さえておきたい「身だしなみ」の基本

リーダーになりたての頃、「あれ、山本さん、徹夜ですか？　どこかに泊まったんですか？」と聞かれ、恥ずかしい思いをしたことがあります。朝、急いでいて、前日と同じ着こなしをしていたことが原因です。

女性リーダーなら、1週間のワードローブを考えておきましょう。

ポイントは、週末にあらかじめ翌週の5日分、どんな着こなしをするか、計画を立てておくことです。

そうすれば、朝、忙しいときでも大丈夫ですよね。

服装は、相手に対する気遣いの1つです。

「この日は重要なお客さまに会うので、これにしよう」「アクセサリーは大丈夫でも、黒のスーツは前回の商談で着たから、今回は違う服に」などと、ひと工夫、ひと手間かけることが仕事の差につながります。

私自身、お客さまを訪問した際には、手帳にそのときの服装を記入することで、次回に備えています。

また、とくに同性である女性メンバーからすれば、**女性リーダーとは、服装も含めて夢を見せてほしい存在です。**

自分が思う以上に、女性メンバーは女性リーダーの服装やアクセサリーを見ています。

上品さを意識した服装を心がけましょう。

高級なブランドではなくても、節度がある程度保たれていて、生活臭をもち込まない身だしなみが大切です。

さらに、リーダーである以上、**お客さまや上司がいつ来社してもよいようにしておく**ことも忘れてはいけません。

クレームやトラブルがいつ発生するかわからないし、会社の上層部が突然、訪問してくる場合もあります。

とくに予定されていなくても、常にきちんとした服装をしておくことが大原則です。

なお、仕事に熱心な女性リーダーほど、キャリアが長くなるにつれ、知らない間に服装に乱れが生じたり、無頓着になったりするケースが増えていく傾向があります。

リーダーとしての仕事の質と、身だしなみの質の両方を向上させて、いつも素敵なリーダーでいられるよう気を配りましょう。

7

男性は敵？「女性の感性」が命とりになることも……

優秀な女性リーダーというのは、**「敵をつくらない工夫」**をしているものです。

この「敵をつくらない」ということでいえば、日頃からお客さまに対しては意識できていても、社内、とくにメンバーに対しては意外にできていないという女性が多いのではないでしょうか？

実際、メンバーにはつい自分の考えの正当性を誇示しがちになるものです。

そうならないためには、**「相手に合わせて言葉を選ぶ」**必要があります。

たとえば、

「男性にはわからないと思いますが」

「女性は皆、これを選びますよ」

などと、男性に対して女性の感性を「押し売り」していませんか？

たしかに、女性の視点を取り入れようしている企業などでは、こうした言い方でも受け入れられるかもしれません。

しかし、男性の多くは、女性の感性を前面に出されることに抵抗を感じるもの。**その点、優秀な女性リーダーほど、女性の感性の押しつけが、男性の自尊心を著しく傷つけてしまうことを知っています。**

男性の自尊心を傷つけないためにも、否定から入るのではなく、**「それも一理あると思います」**とまずは肯定し、相手を安心させてから、自分の意見を表明する習慣をもちましょう。

何か意見がある場合でも、「○○さんのおっしゃったことを受けて、こういうのはいかがでしょうか?」などと、男性の意見にプラスアルファをしたうえで提案するスタンスをイメージしてください。

男性の意見もくみつつ、お互いの選択肢を増やすような会話を心がけると、たとえ意見が異なる場合であっても、敵対視されることはないでしょう。

女性の感性だけで勝負するのではなく、男性との融合、共存を意識できる女性リーダー。

そんな女性リーダーは、チームや会社に新たな風を吹き込むのと同時に、男女から憧れられる存在になること間違いなしです。

8 「この人なら紹介しても大丈夫」といわれる女性リーダーになろう

研修や講演をさせていただいていると、ありがたいことにそのグループ会社や関係会社から「親会社から紹介をされました。山本さんに当社でも研修をお願いしたい」と仕事をいただくことがあります。

紹介を受けると、本当に嬉しい気持ちになります。と同時に、紹介してもらえることで新規開拓も楽になります。

ちなみにこの「紹介」の重要性は、何も営業の世界だけに限った話ではありません。女性リーダーにとっても、**「紹介される人材」**であるかどうかは、仕事のしやすさ・効率化の面で、とても大切なことなのです。

たとえば、取引先の社長から別の会社の社長を紹介してもらう、あるいは自分の上司からさらに上の上司を紹介してもらう、などがあげられます。

目上の人から引き立ててもらうことで、新しい仕事や、1つ上のステージに進むことができるようになるのです。

その一方で、「ちょっと紹介しにくいな」「あの人は連れていきたくないな」などと躊躇されてしまう女性リーダーには、ある共通の傾向があります。

それは、**「何かあると、すぐに自分だけの手柄にしてしまう」**というものです。

とくに縦社会を意識する男性は、「何であんな女性を紹介するんだ?」と社内外で自分の評判が落ちることを嫌うもの。

一緒に仕事をしても、常に「自分のおかげだ」「自分が一番優れている」と自分を一段上に置くような言動をしているリーダーに対しては、「紹介した先方や自分を立てることもなく、顔に泥をぬられただけ」と感じ、二度と紹介などしてくれなくなるでしょう。

優秀な女性リーダーとは、どの人と仕事をしても、そして、どこにいても、「○○さんのおかげです」といえる人です。

私はこれを**「おかげさまです思考」**と呼んでいるのですが、これがしっかりできていると、自然と紹介も増えていきます。

社外でも通用するリーダーを目指すなら、ぜひ今日から「おかげさまです思考」でいきましょう。

そうすれば、思ってもみないところから、新たなビジネスの話が舞い込んでくることでしょう。

9
「理想の女性リーダー」になるのは、あなた自身

私は社会人になって以来、自分の目標になるような素敵な女性をずっと探していました。

ただ、「ああ、素敵だな」と思う人はいても、自分の理想の女性像にバッチリと当てはまるような人は、なかなか見つかりませんでした。

そしてしだいに、「結婚しても仕事を続けていけるのだろうか？」「私はこのままやっていけるのだろうか？」などと漠然とした不安に襲われたことを覚えています。

女性がリーダーになるときも同じではないでしょうか？

「ロールモデルがいないから」「お手本になる人がいないから」などという理由で、「リーダーなんておこがましい」などと、ついキャリアアップを遠慮してしまう……。

だからこそ、あえて断言します。

「自分の理想に100％ピッタリ合ったロールモデルなんて、まず存在しない」と。

素敵な先輩女性を見かけたとき、「私は、この人と同じ年齢のとき、同じような経験をできていないからダメなんだ」「こんな私では、とうていこの人のようにはなれない」と

嘆く必要など、どこにもありません。

女性リーダーは、男性リーダー以上にメンバーのよい面や改善点に気がつくなどといった、多面的なものの見方が要求されます。

女性リーダーが少ない企業では、女性だからという理由で「消極的」「感情的」「客観性に欠ける」などと、マイナスのレッテルを貼られてしまうこともあるでしょう。

そうであるなら、なおさら「現実に存在しないロールモデル探し」に没頭している暇はないのです。

そもそも1つのモデルに固執しているようでは、その価値観にしばられてしまって、どんなメンバーにも受け入れられるリーダーにはなれないでしょう。

もちろん、憧れの女性をもつのは自由です。ただし、その憧れの人のよい部分をお手本にしつつも、そのなかに自分のよさをプラスアルファしたり、得意なところを発見しながら、自分の自信へと変えていくことが大切です。

最終的に**「自分自身が新しいロールモデルになる働き方・生き方」**ができるようになれば、それに共感する人は、黙っていても後ろからついてきます。

そうなれば、必然的にあなた自身が充実した人生を送れるようにもなることでしょう。

10

メンバーの幸せのために働けていますか？

結婚、出産、育児、介護など、現代でも、家庭の事情などで自ら希望して退職をする女性は一定数います。

その人が優秀であればあるほど、リーダーとしては内心、忸怩《じくじ》たる思いをするものですが、ときには、そういう女性のよき未来を応援して快く見送る勇気も必要です。

ただ、見逃してはいけないのは、「もっと仕事を続けたかったけど、しかたなく辞めざるを得ない」と涙を流す女性がいないかどうか、ということ。

そんなときには、リーダー自らが手を差し伸べて、そうした女性を救うことが必要になります。

いずれにしても大切なのは、**「メンバーの幸せのために働けているか？」**ということです。

たしかにリーダーの責務は、利益を出して会社に貢献することにあります。そのために日々、必死に働いていることでしょう。

しかし、「あなたについていきたい！」「このリーダーのもとで働けてよかった！」「この会社に就職できて本当に幸せ」と、一番近くで見ているメンバーから評価されることにも、同じくらい大切な意味があります。

私は会社員時代の何人かのメンバーと、いまでも仕事上などでつき合いがあります。気づけば、もう15年以上も前の関係なのに、いまでも変わらず「何かお手伝いすることがあれば、いつでもいってください！」と声をかけてくれるメンバーもいます。まったく仕事は抜きにしてプライベートの報告をしてくれるメンバーもいます。

知り合ったきっかけこそ仕事だったけれど、私の人生を温かく、そして豊かにしてくれる、大切な仲間のような人たちです。

私は、リーダーとは、ただ業績を上げるためだけに存在しているのではなく、以下のような任務も担っていると考えています。

①メンバーにとっての幸せを見つけること
②そして、そのために一生懸命に働けるような環境を築くこと
③メンバーの幸せが、リーダーの幸せにつながっていることを実感すること

あなたも、ぜひこの3つを意識してみてください。

そうすれば、たとえメンバーと離れるときがきたとしても、**「あなたと一緒に働けて幸せだった」**という声があなたのもとに届くはずです。

第1章
「女性リーダーの基本」のエッセンス

◎男性リーダーがよくやる縦型ではなく、横型、見守り型のマネジメントで臨みましょう。
◎変な遠慮は不要。下手に出すぎるリーダーに決してメンバーはついてきません。
◎目指すべきはメンバー全員が主役になれるよう、後方支援に徹する「サーバント・リーダー」です。
◎リーダーはメンバーの「広告塔」。メンバーのよい面を発信しましょう。
◎価値観が違うメンバーをいかに活かすか？ それがリーダーとしてのターニングポイントになります。
◎メンバーにとって「憧れの女性」であるためにも、服装には気を使いましょう。
◎男性の自尊心を傷つけていませんか？ 女性の感性の押し売りにはくれぐれもご注意を。
◎「おかげさまです思考」をもてれば、ビジネスチャンスはグンと広がります。
◎自分自身が未来の後輩のロールモデルになれるような働き方・生き方をしましょう。
◎利益を出して会社に貢献することだけがリーダーの責務なのではありません。

第2章

「あの人になら何でも話せる」といわれる！

——コミュニケーションの基本

コミュニケーションを制する者は、マネジメントを制する。
いや、人間関係を制する——。優秀な女性リーダーほど、
日々のコミュニケーションに、独自のアレンジを加えています。
「意思疎通できない」リーダーから、「何でも話せる」と一目置かれるリーダーへ。
この章で、女性リーダーのコミュニケーションの基本を習得して、
最短かつ楽にメンバーとの信頼関係を築きましょう。

1

会話の主導権を握るべきなのはリーダー？　それともメンバー？

女性リーダーを見ていてよく目につくのが、やたらと「○○しなさい！」「○○したの？」「何でそんなことしてるの？」といったセリフをメンバーに投げかけている光景です。

まさに教育ママさながら。

細かいことにまで、いちいち口出ししてしまうのですね。

こんなリーダーの下で働いているメンバーはどうなるでしょう？

そう、いつも**「何かいわれたらどうしよう」「うるさいな」**とビクビクして、仕事に集中できなくなります。

さらに怖いのは、口うるさいリーダーだと思われてしまうと、メンバーが何も話さなくなってしまうことです。

当然、そんなことではチームとしてもうまく機能していきませんよね。

では、どうすればよいのでしょうか？

たとえば、「これやったの?」と迫るのではなく、「大丈夫?」というスタンスをとる、つまり**「メンバーの気持ちに寄り添うようなコミュニケーション」**のとり方をしてみるのです。

「たしかプレゼン資料の締め切りが、明後日までだったよね。いよいよだね。わからないことがあれば質問してきてね」という具合に質問をしていきます。

さらに、**「先」**を見せることで、メンバーのほうから声がけができるようにすると、なおよいでしょう。

「この仕事ができるようになったら、次は何ができるようになりたい?」「ここまでできているんだ。他にやることはないかな?」といった感じで、話をしやすい環境をつくるのです。

難しい案件を任せるときも、「難しい案件かもしれないね。でも、○○さんにぜひやってもらいたいの。なんで○○さんにやってほしいかわかる?」と質問を入れたり、「とてもやりがいがあると思うけれど、あなたはどう思う?」と気持ちを楽にしてあげながら、メンバーの話を引き出していきましょう。

優秀な女性リーダーは「話させ上手」です。

ぜひ、あなたもそんなリーダーになって、話を引き出すプロを目指しましょう。

2
その話し方で大丈夫？短い時間で伝えたいことを伝える技術

リーダーとして成果を上げようとするならば、メンバーに対して納得感のある話し方をしなければなりません。

ところが、納得をしてもらうために丁寧に話そうとするあまり、つい話が長くなってしまうことがあるので注意が必要です。

すでに話題が他に移っているのに、「あっ、さっきの話の続きですけど！」と自分がいいたいことを主張したがる女性リーダーもいます。

「もう、その話は終わっているんだけどな」「だれも聞きたくないんだけどな」と相手に思われていることに気がつかないことも少なくありません。

仕事の最前線で動くメンバーは、時間に余裕がなく、説明を聞くこともままならないため、リーダーが一生懸命に話をしていても「忙しいんだけどな」となってしまうことも。

そこでリーダーとして必要になってくるのが、メンバーに対して**「短い時間で大事なことを伝える」**ことです。

とくにメンバーの数が多ければ多いほど、これは重要なポイントになってきます。

では、どうすればよいのでしょうか?

自分がいいたいことを短い時間で伝えるには、**「一番伝えたいことは何か?」**という取捨選択が大事になります。

潔く、それ以外の伝えたいことは、いったん脇に置いておきましょう。

それでも主張しなければいけないときは、できるだけ手短に。

決してメンバーから、「いつ終わるんだろう、この話」と思われないようにしましょう。

相手が何を求めていて、何を聞きたいのか、自分は何がいえるのか——。

この3つを常に押さえて話すようにしてください。

そして、「私が一番伝えたいことは〜」「ポイントをひと言でいうと〜」といった簡潔明瞭な話し方を日頃から心がけましょう。

優秀な女性リーダーほど、相手の生産性を落とさないために、**「自分の話す時間は他人の時間を奪っている」**という意識をもっています。

「リーダーになったから、別に話し方など学び直す必要はない」などと考えずに、さらに自分の話し方をブラッシュアップしていきましょう。

3 メンバーの言葉の裏にある「背景」をつかもう

「それは○○さんだからそう思うのではないですか？」とメンバーから否定された……。

こんなとき、あなたならリーダーとして、どう答えますか？

なかには、「メンバーに否定されたら負け」「バカにされたくない」という思いから、必死に反論する人がいるかもしれません。

しかし、こんなことではお互いに感情的になるだけで、何の解決にもなりませんよね。

その点、できる女性リーダーほど、感情的になりそうな気持ちをいったん飲み込み、**「こういうときこそ冷静でいよう」**と努めます。

自分にはない考えをしっかりと聞き、それを受け入れる勇気をもちましょう。

それに、自分と違う考え方にいちいち目くじらを立てていては身がもちませんよね。

マネジメントを楽にするシンプルな方法は、日頃から**「メンバー1人ひとりが違う意見をもっていて当たり前」**と考えるようにすることです。

そうすれば、「そういう意見があるんだね」と素直に話を聞くこともできるようになれます。

また、もしメンバーが感情的になっていたり、イライラしているとしたら、心を静めさせるためにも、大勢の前ではなく、会議室で時間をとって1対1で面と向き合って話を聞くようにしましょう。

もちろん、それがチームのためになると判断するのなら、あえて皆の前で話すようにしてもかまいません。

その見極めをするのも、リーダーの大切な仕事の1つです。

そのためには、**「いま、なぜメンバーはこのタイミングでいってきているのか?」「なぜ私にその意見をぶつけてきているのか?」**などという具合に、メンバーの言葉の裏にある気持ちや背景を把握しておくべきです。

マネジメントに不満があるのか?

チームをよりよくしたいと思っているのか?

メンバー自身の仕事や家庭がうまくいかないからイライラしているのか?

どういう背景があるのかを探ることで、根本的な解決に向けて一気に前進していきましょう。

4

できる女性リーダーは必ず「事実＋メンバーの思い」を聞いている

私がリーダーになりたての頃の話です。

当時は数字の達成のために、休日出勤なんて当たり前。心にゆとりをもてず、そうとう追い詰められていました。

「私は大変なのにメンバーはわかってくれない」「私は忙しいのに、なぜ、もっと論理的に結論から話してくれないの？」などと、いつもイライラ。

相手から見れば、話を最後まで聞いてくれない、さぞかし嫌なリーダーだったことでしょう。しかも、忙しいため、そういう自分を客観視できていませんでした。

「女性リーダーが増えることで、かえって職場の雰囲気がピリピリしてしまう」

コンサルティングの現場で、ときおり、こんな声を聞くことがあります。

あなたも、効率を追求するあまりに、つい「何？　何の話？　時間かかる？」「で、どうしてほしいの？」などといった詰問口調になってしまっていませんか？

当然のことですが、メンバーから支持されるのは、**仕事量が多くても、余裕をもって取**

り組んでいることが伝わるリーダーです。

まず、メンバーや周囲の人との会話において、**「相手を委縮させていないかな?」**と常にチェックしてみましょう。

そして、事実を整理しながら聞くことを最優先にし、冷静に受け止めたうえで、メンバーの思いや願望を聞くようにしましょう。

「事実は△△でした。それに対して、私はこうしたい」とメンバーから**「事実＋思い」**のステップでいいたいことを引き出しながら、話を整理していくのです。

こうして「それなら、こうしたほうがもっといいかもね」などと冷静かつ的確なアドバイスができるようになれば、「私よりも仕事量が多いのにすごい。〇〇さんのように余裕があるカッコいいリーダーになりたい!」とメンバーが目標にするようになるでしょう。

メリットはそれだけではありません。

何よりあなた自身、事実や思いを共有し、メンバーや周囲との理解が深まることで、精神的な余裕も生まれてきます。

結果として、あなたにかかわるすべての人が気持ちよく働けることにつながっていくでしょう。

そうすれば、メンバーや周囲の人からの協力もグンと得やすくなるはずです。

5

「1対大勢」でのスピーチが得意な女性リーダーになろう

私はいまでこそ年間で約200回の講演・研修の依頼をいただいていますが、リーダーになりたての頃、最初につまずいたのが**「大勢の前で話すこと」**でした。

「1人ひとりと向き合い、細やかなマネジメントをしたい」との思いから、メンバーとの1対1でのコミュニケーションやミーティングは積極的に行ってきました。それまでプレーヤーとして現場で働いていたので、さほど苦労はしませんでした。

ところが、相手が複数だと、そういうわけにはいきません。

たとえば、社内プレゼンの出席者が20人いた場合、「いま話した内容は、20人それぞれに伝わっているだろうか?」と考えながら話すのは案外難しいものです。

試行錯誤しながら、編み出したポイントを6つあげます。

① 席が遠い人から順に「質問話法」を取り入れると、場が盛り上がる

② あらかじめ原稿を書いていたとしても、それを丸暗記するようなことはしない

③ イラストやデータなどの視覚物で「わかりやすさ」「納得感」を演出する

④大勢の前でも、1対1のように1人ひとりの目を見ながら話す

⑤聞き手の心を動かすような、話の流れがよいスピーチをつくる

⑥「失敗談」や「エピソード」を交え、聞き手との距離を縮める

年齢やキャリアの幅が広い際は、年長の人ばかりを意識した話にならないよう、事例を工夫するなど、他の聞き手も退屈にさせないような配慮が必要です。

リーダーになれば、大勢の前で話す機会が増えます。

社内にとどまらず、社外でも人前で話す機会、たとえば説明会や講師をする仕事が回ってくることもあるでしょう。

スピーチ能力が高まると、リーダーとして有能であると大勢の人に自分を認知してもらえるようになります。

何より、人前で堂々と話せるということは、自分の自信につながります。

そのためにも、結婚式のスピーチ、歓送迎会でのひと言など、人前で話す機会を自分からつくるようにしましょう。

スピーチを得意としている女性が少ないからこそ、習得できたときには大きな効果があります。

6 メンバーを一瞬で惹きつける話し方の極意

先にもお伝えしたように、リーダーになると、人前で話をする機会がメンバー時代よりも増えていきます。

たとえば、朝礼でチームを代表して発表したり、会議で司会などをしたり。

そんなとき、女性に多く見られるのが、「私は○○がダメで……」「〜が苦手で……」「△△をしていきたいと思うのですが、全然できていません……」などといったフレーズです。

謙虚であることは大切ですが、時と場合によっては、不必要に卑下している印象を与えかねません。

では、これとは逆に、「私は○○という実績がありまして」などと自信たっぷりに話すのがよいのでしょうか？

そうなると、今度はその発言が鼻につきますよね。

私は、上手な自己ＰＲができる女性リーダーとは、**「自分の失敗談で人を惹きつけられる人」**だと考えています。

「失敗談を話すと弱みにつけこまれる。とんでもない!」

「メンバーにバカにされる!」

などと思われたかもしれません。

ところが、実際に優秀な女性リーダーほど、「人一倍失敗が多いから、いまの私があります!」と笑顔で話をします。自分がいかに素晴らしいかということにフォーカスして話しても、お互いに疲れるだけだということを知っているからでしょう。

失敗談を笑って話せるようになれば、メンバーたちがリーダーを身近に感じ、「自分も頑張ろう」と失敗を恐れないようになります。

それに失敗をしたときも、きちんと報告をしてくれるようにもなることでしょう。

ただし、注意することがあります。

それは、その失敗談が、モラルに反していたり、人としての良識を疑われるような内容になっていない、ということ。

私も一期一会の講演会での自己PRでは、まずは自分の失敗談や挫折経験から話し始めることで、一瞬にして聴衆の皆さんが心を開いてくれたと実感することが多くあります。

上手に自己PRができる人とそうでない人とでは、やがて大きな差がつきます。

ぜひ、自らの失敗談で人を惹きつけられるよう、自分の過去を振り返ってみましょう。

7 メンバーの前で絶対に口にしてはいけないNGワード

「そういえば、同性であるにもかかわらず、女性メンバーからプライベートの相談をされたことがないな……」

私が初めてリーダーになって1年くらいたった頃、ふとこう思ったことがありました。

過去の私のように、「男性がリーダーなら相談しにくいのはわかるけれど、私は女性。リーダーとして、これでよいのだろうか?」と不安に思う女性リーダーもいるはずです。

このような場合、まずは自分がメンバーの前で余裕のなさを露呈していないか、あるいは**「忙しい」**が口癖になっていないかをチェックしてみましょう。

リーダーとして、やるべき仕事が多いのはまぎれもない事実です。

ところが、「どれだけ大変かわかってほしい」「邪魔しないでほしい」などといった思いが先行してしまうと、それは知らず知らずのうちにメンバーにも伝わっていきます。

メンバーにしてみれば、そんなリーダーに対して話しかけにくくなるのは当然ですよね。

それに対して、優秀な女性リーダーは、日頃からメンバーに関心をもっていることをきちんと伝えるようにしています。

たとえば、**「最近、困っていることない?」「この前の○○はよく頑張ったよね」**などと、個別に声をかけて、悩みの解消や、問題点の顕在化に力を注いでいるのです。

また、女性リーダー自身が**「プライベートを充実させる」**ことも重要です。

かくいう私も、それがなかなかできず、自己嫌悪に陥ることもしばしばありました。

ところが、仕事で学んだことを私生活でも活かすことを常に実践するようになったとたんに、よい出会いがあったり、人間関係でストレスを感じなくなったり、自分の時間をもてるようになったりなど、いままでモヤモヤしていたものがすっと吹き飛んだような思いをしたことがあります。

そう、プライベートを充実させることで、かえって仕事にも余裕が出てきたのです。

それに、プライベートが充実している女性リーダーには、1人の女性として**「この人の意見を聞いてみようかな」**とメンバーも相談しやすいものです。

まさに一挙両得ですよね。

ぜひ参考にしてみてください。

8 「メール＋電話」がメンバーの心をはずませる

「山本さんはいつもメールしかくれませんよね。私たちのことはほったらかしですか？」

リーダーになりたての頃、支店が離れていたメンバーからいわれた言葉です。

当時の私は3支店を任されていて、立て直しが最も必要な支店に注力していました。業績がよかった支店には、ほとんど顔を出さずじまい。メールでの連絡しかできていませんでした。そのとき、いわれたのが冒頭のひと言だったのです。

「メンバーと信頼関係を構築する」のは、リーダーの務め。

お互いが顔を会わせない状況が続いているときこそ、会っているとき以上の気配りが必要なのです。

しかし現実には、過去の私にかぎらず、リーダーとして複数の支店（あるいは複数のチーム）を任されると、どうしてもメールに頼ってしまいがちです。

こんなときは、どうすればよいのでしょうか？

答えは、**「電話」**を活用することです。

メールが主流になったとはいえ、「電話」はいまでも大切なコミュニケーションツールです。

たとえば、5回続けてメールをしていたところを、1回は電話にしてみましょう。

具体的には、メンバーが目標を達成したときなど、メールにプラスして、「おめでとう。少しでも早く伝えたくて」と電話をすると、喜びも倍増することでしょう。

また、「メールだけでは自分の意図が伝わりにくいな」と思ったときには、「○○の件だけどね」と口頭で詳細を追加することも忘れずに。

さらには、注意や叱ることが必要な場合も、メールですまさず、必ず電話でフォローするなど、メールと電話をミックスさせることをお勧めします。

その際、声のトーンは「少し高めに、明るく!」が基本です。最後も明るく元気に電話を切りましょう。

メンバーは「リーダーが何を話しているのか?」ということよりも「何か暗かった」「今日は元気そうだった」などと、あなたの気持ちを気にしているものです。

ぜひ、**「リーダーと話すと元気が出た!」**といわれる存在になりましょう。

そうすれば、あなたとめったに会う機会がないメンバーからも、「会いたかったです!」といわれるようになるでしょう。

9 メールの返信はリーダーが最後

書店に行けば、ビジネス書の棚には「メールの書き方」をテーマにいくつもの書籍が並んでいます。

「メールだからこそ印象が冷たくなってはいけない」と感謝の気持ちを込めてメッセージを送ったり、文面がワンパターンにならないよう工夫している人も増えています。

しかし、文面だけで印象が決まるとは限りません。

じつは、「メールのやりとりの最後がだれなのか？」ということがとても重要です。

つまり、最後のメールが、送ってきた相手になっていないかを確かめてほしいのです。

たとえば、次のようなやりとりがあったとします。

メンバー「プリンターのトナーを発注しておいてよろしいでしょうか？」

リーダー「ＯＫです」

メンバー「ありがとうございます」

このとき、「メンバーから聞かれたことに答えているから、何も問題はない」と思うかもしれません。

ところが、メンバーのなかには、「『ありがとうございます』と送ったけど、何も返事がないな。リーダーは機嫌が悪いのかな？　変な質問をしたのかな？　届いているのかな？」と心配になる人がいることを忘れないでほしいのです。

加えて、メールの文面は顔が見えないぶん、冷たい印象になりがちです。

私なら、もう一度最後に返信して、「よろしくお願いします！」とひと言付け加えます。

「メールの最後は自分」ということです。

これは上司、お客さまからのメールであったとしても同様です。

相手がだれであっても、メールのやりとりの最後は自分のメールで終わることをルールにしましょう。

ちょっとしたことですが、「あのメールは読んでくれただろうか？」と相手が疑心暗鬼になって確認の電話やメールを送ってくることを未然に防ぐ、つまり双方の時間の効率化を図ることにもつながります。

メールのやりとりの最後が相手になっていないか、一度チェックしてみてください。

10

メンバーからの「報・連・相」をどうさせるか？①

メンバーに対して、「なぜ、そんな大事な話を隠してたの？」と憤ったことや、「遅いな。もっと早くいってくれればよかったのに……」とイラだったことはありませんか？

じつは、このようになる原因はメンバーではなく、**「報・連・相」を徹底できていないリーダー自身にあります。**

とくにキャリアの浅い女性リーダーほど、報・連・相を軽視してしまいがちです。

その背景には、メンバーに規律やルールを守らせたり、ケジメをつけさせることに慣れていないといった一面もあるようです。とくに相手が男性メンバーになると、「いちいち口やかましい女」「自信がない女」などと嫌われるのを避けるためか、及び腰になることも。

大切なのは、報・連・相を徹底させることは、**「リーダーが状況を把握するためだけではなく、そうすることがメンバーのメリットにもなる」**という点を納得させておくことです。

たとえば、メンバーがお客さまのことで悩んでいたとします。そんなときは、「私に相談してくれたほうが、結果として仕事の質の向上にもつながるはず」といって、メンバーが相談しやすい雰囲気をつくりましょう。

また、報・連・相を徹底させておくと、**「メンバーの課題を発見しやすくなる」**というメリットもあります。たとえば、メンバーが何に不安を抱えているかなど、潜在的なトラブルなども発見できますよね。

何よりも大切なのは、**「よいことだけではなくて、悪いこと（ミスやクレーム）も隠さないですぐに伝えてね」**といっておくことです。

失敗やトラブルほど、メンバーは隠したがるもの。そこで悪い報告を聞いたときに頭ごなしに怒ったりしないことが、風通しのよい風土を育みます。

むしろ、悪い報告をしてくれたことに**「いってくれて助かった」**というニュアンスを伝えましょう。もちろん、事案によっては叱らなければならない場合もありますが、それとは別に「話が大きくなる前に対処できると思うからよかったよ」と、早くいってくれたことに対してきちんと評価するようにしましょう。

そうすることで、リーダーとメンバー間で、数字だけではなく、同じビジョンや目的を共有できるようになるという効果も期待できます。

報・連・相を徹底させることで、お互いに助け合える風通しのよい環境をつくりましょう。

11 メンバーからの「報・連・相」をどうさせるか？②

先に「報・連・相」の重要性についてお話ししました。

しかし、報・連・相は万能ではありません。なぜなら、「どうやったらいいんですか？」「どう思いますか？」などと、自分で考えるというステップを踏まずに、**「何かとリーダーに頼ってくる」**メンバーも出てくる危険性があるからです。

したがって、そういうメンバーに対しては、まずは「自分ではどう思う？」と何度も聞き返し、「自分で考えてみて、それから質問してきて」と突き離す勇気をもちましょう。

また、メンバーの力を伸ばすという意味でお勧めなのが「報・連・相」の順序を逆にする、つまり**「相・連・報」**をメンバーにやらせるというものです。

たとえば、こんな具合です。

［相談］

メンバー「○○の件、～のように考えているのですが、他にいい方法はないでしょうか？」

リーダー「それなら、こんな方法もあると思うよ」

※あらかじめ相談をすることで最善の方法を模索することができる。

［連絡］

メンバー「いただいたアドバイスを実践中で、いまこんな状況です。来週には正式な結果が出そうです」

リーダー「いい結果になるために他にできることはないのかな?」

※途中経過を連絡することで、軌道修正が可能になり、よりよい成果を生むことが期待できる。

［報告］

メンバー「先日の件、正式に契約になりました。ありがとうございます!」

リーダー「それはよかった!」

※「互いに連携している」という意識が芽生えて、社内風土や上司・部下の関係が見違えるほどよくなる。

なお、「相・連・報」をするのは、何もメンバーからだけというわけではありません。

「○○の件、△△さんだったらどうする?」「○○の件、いまできることは何だと思う?」

などと、**リーダーからもどんどんメンバーに「相・連・報」してみる**のです。

そうすれば、よりチームとしての結束力が高まっていくことでしょう。

12

アドバイスの決めゼリフは「最後はあなたが決めなさい」

リーダーが女性だから話しやすいということなのか、何でも相談してくるメンバーを見かけることがあります。

そのこと自体は悪くないのですが、こんなときは、メンバーからの相談を受けるといっても深入りしすぎないことが必要です。

その見極めを誤ると、**「あなたがアドバイスをしたから、こんなことになった」**とメンバーから責められる結果を招くこともあるからです。

人材派遣会社に勤めるHさんは、メンバーから「○○だからどうしたらいいか?」と聞かれ、つい「それわかるわー。●●したら?」といってしまいました。

後日、「リーダーのいったとおりしたのに、結局○○になってしまった。相談するんじゃなかった」といわれたあげく、「女性上司だからわかってくれると思ったのに」と捨てゼリフを吐かれる始末。

それ以降、2人の間には感情的なシコリが残って、仕事がやりにくくなってしまったとのこと。

この例からもわかるように、メンバーに共感しすぎたり、「ぜひ、こういうやり方をやってみて!」とすぐにアドバイスをしてしまうのは考えものです。

そもそもリーダーというのは、メンバーが自分で決断できるようにしなければなりません。

もちろん、だからといって、何もアドバイスしないわけにもいきませんよね。

メンバーからすれば、アドバイスを求めているのですから。

案件にもよりますが、そんなときは、

「私は××だと思うけど、それはあくまでも私の考え。最後は△△さんが決めるんだからね」

と、ある意味で突き放すようにしましょう。

リーダーである以上、ときには厳しいこともいう勇気が必要です。

メンバーにとってみれば、耳が痛いこともあるでしょう。

しかし、何に対しても手を差し伸べているようでは、メンバーの成長は望めません。

アドバイスを求められたからといって手取り足取り教えるのではなく、一定の距離を保つことを心がけましょう。

第2章

「コミュニケーションの基本」のエッセンス

◎慕われる女性リーダーは、決まって「話させ上手」です。

◎話し方にも「選択と集中」が必要。優先順位をつけて、簡潔明瞭に話しましょう。

◎メンバーが発する言葉の背景を探れば、自然と「隠された欲求」が見えてきます。

◎「事実＋メンバーの思い」を共有することで、お互いの理解を深めましょう。

◎大勢の前できちんと話せるスピーチ能力も女性リーダーに欠かせない資質の1つです。

◎「自慢話」は鼻につくだけ。「失敗談」でメンバーの心を惹きつけましょう。

◎女性リーダー自身がプライベートを充実させることがメンバーからの安心感と信頼を生み出します。

◎メールが主流になったとはいえ、「電話」はいまでも大切なコミュニケーションツールです。

◎「メールの最後は自分」を忘れずに！

◎悪いことこそ、きちんと報告させる仕組みをつくりましょう。

◎「報・連・相」の順序を「相・連・報」に変えるのも1つの方法です。

◎手取り足取りアドバイスしていませんか？　ときにはメンバーを突き放す勇気をもちましょう。

第3章

すべてのメンバーがなくてはならない存在になる!

――マネジメントの基本

生き生きと自発的に仕事に取り組むメンバーを育てられれば、マネジメントは半分以上成功したようなもの。

メンバーに対する感謝と承認は、女性リーダーの必須条件。

ここにいるだれが欠けてもチームとして成立しない――。

そんな連帯感を生み出すためのマネジメントの基本を
メンバーの状況別に伝授します。

1

〔状況別〕対処法①
年上の男性メンバー

「自分がいないところで、『俺のほうが、あのリーダーよりも仕事ができる』などといって、若手のメンバーに対して威張り散らす年上の男性メンバーに困っている」という相談を、ある女性リーダーから受けたことがあります。

彼女に限らず、ここ最近、年上の男性メンバーの扱いに頭を悩ませている女性リーダーが急増しています。

男性というのは、とくに上司が年下の女性の場合、面白く思っていないものです。なかには、屈辱的だと思っていることさえあります。そのため、指示を無視したり、反抗的な態度をとったりなどということも。

それを恐れて、その男性を特別扱いしたり、逆に、部外者扱いしている女性リーダーもいることでしょう。

こんなことをいうと、「ただでさえマネジメントで苦労しているのに、年上の男性を指導するなんて……」とリーダーの仕事に嫌気がさすかもしれませんね。

でも、3つのポイントを押さえれば、大丈夫。

1つめは、年上の男性メンバーに、**その人の経験や能力を活かせる重要な役割を与えること**。

2つめは、**「○○さんには、いい意味でお手本になるような役割をしてほしい」と伝えておくこと**です。重要な役割を与えつつも、協調性を忘れない姿勢を求めましょう。

3つめは、リーダーとして重要な意思決定をする際や、ものごとを発表する際に、**年上の男性メンバーに話を通しておくこと**です。

これらは、年上の男性メンバーの**「自己重要感」**を損なわないようにすることでもあります。

ただし、その際に注意しなければいけないのは、任せすぎたためにコントロールできなくなってしまうことです。

そんなことにならないためにも、日頃から年上にも年下にも敬語を使うなどして、区別しない、特別扱いをしないことが肝心です。

一般的に年上の男性メンバーは、世代的にも縦関係を女性以上に気にするものですが、なかには泥をかぶることをいとわない人もいますから、敬遠せず、ぜひ味方につける術《すべ》を身につけましょう。

2

〈状況別〉対処法②
年下の男性メンバー

年下の男性メンバーをマネジメントするうえで外せないのは、**「どんどん自分を追い越していってくれ！」と出世を応援する立場**でいることです。

一昔前の男性と比べれば、出世に意欲がないといわれることがありますが、それでも女性より出世に興味があるのは確かです。

逆に、出世を阻もうと邪魔をする女性リーダーだと、「この女のもとでは一生、俺は平社員でしかいられないのか！」と反感をもつメンバーが出てくるので注意が必要です。

また、年下の男性メンバーは、男女平等の意識がその前の世代よりも浸透しているため、女性リーダーに対してのアレルギーは少ないといってよいでしょう。

だからといって、「あなたってダメね」と遠慮なくいってしまったり、「いいからいわれたとおりにやりなさい」と上から意見を押しつけると、プライドを傷つけることになります。

そうした言動は厳に慎みましょう。

他にも、年下の男性メンバーの前になると、急に**「カッコいいところを見せなきゃいけない！」**と必要以上に気を張っている女性リーダーを見かけることがあります。

でも、そんなことをしていると疲れませんか？

たまには、おっちょこちょいなところや、頼りないところを見せても大丈夫。

そのギャップをリーダーとしての人間的魅力に感じてもらえることもあるからです。

そもそも年下の男性メンバーのなかには、その男気から、リーダーとしてというよりも、**「女性として助けてあげなければいけない」**という気持ちがあるものです。

それに、女性リーダーのそんな一面を見ることで、メンバー自身も気負いがなくなり、風通しがよくなるというメリットもあります。

ただし、母親やお姉さんといった距離感で甘えてくる男性メンバーには注意が必要です。

そんな場合は遠慮をせず、ときには厳しく接するようにしましょう。

温かい目で見守りつつも、たとえば年上の男性メンバーに接するのと同様、敬語で会話をしながら、指導するべきことはきちんと指導するようにして、自立を促すことが大切です。

3

〈状況別〉対処法③
年上の女性メンバー

年上の女性メンバーのマネジメントでは、**「共存共栄」**がキーワードになります。

女性特有のコミュニケーションの1つで、年上の女性に対して敬語を使って話さない、いわゆる「タメ語」で話してしまうリーダーがいます。

その結果、なあなあの関係になってしまって、リーダーのいうことを聞かなくなったり、リーダーが注意できなくなることも。

このように年上の女性メンバーとの関係においては距離と節度が求められるわけですが、どうすれば共存共栄ができるのでしょうか?

私の経験からいうと、**「新人のOJTをお願いします」「教育を担当してください」**など と**「教える役回り」**を与えるようにすると、頑張る人がけっこう多いように思います。

また、それと同時に大切なのが、年上の女性メンバーのキャリアアップについても積極的にサポートすることです。

実際、優秀な女性リーダーほど、年上の女性メンバーにとってふさわしいキャリアを真剣に考え、応援しているものです。

たとえば、「営業ではないところに行きたい。企画をしたい」といわれたとしましょう。そんなときに「ムリですね」などとムゲにしないことです。

「そうなれるように頑張りましょう!」といったん受け止めて、実際にそれが可能かどうかを調べ、場合によっては、上司にかけ合ってみるのもよいでしょう。

余裕がない女性リーダーほど、年上の女性メンバーに対してきつく当たったり、権力で支配しようとする傾向があります。

でも、それでは年上の女性メンバーとの関係はいっこうによくなりません。それどころか、チームとしての目標達成も難しくなることでしょう。

媚びたりする必要はありませんが、自然に**「私も勉強になります!」**と口に出していえるくらいの余裕をもちたいものです。

年上の男性メンバーのところでも触れたように、年上の女性メンバーの長所を見つけて、それを伸ばすことに注力しましょう。

気持ちよく働いてチームのために力を発揮してもらえるように導くのが、リーダーであるあなたの務めなのです。

4
〈状況別〉対処法④
年下の女性メンバー

年下の女性メンバーをマネジメントするうえで、とても大切なことがあります。

それは、**「仕事の面だけではなくプライベートの面でも応援している」**ということが伝わるような接し方をするということ。

独身、ディンクス、子どもがいるなどに関係なく、「その女性メンバーがプライベートで幸せになってほしい！」と日頃から応援する姿勢を見せるようにしているとうまくいきます。

実際に私自身、そのような接し方を心がけるようになってからというもの、メンバーたちからそれまで以上に「この人にならついていってもいいかな」と思われるようになった気がしています。

ただし、１つ注意しなければならないことがあります。

それは、**ワークライフバランスを重視しすぎる女性メンバーへの対応**です。

ライフを優先するあまり、ワークをおろそかにしていても、どこ吹く風。

リーダーとしては、仕事を覚えてほしい時期なだけに、気が気ではありません。

そういったメンバーには、**「女性のキャリアは、男性よりも早咲きが求められる」**と教えましょう。

産休を経ても「また戻ってきてほしい」といわれるためには、早くからしっかりとした実力を築いていなければなりません。

たしかにワークライフバランスは大切です。

しかし、プライベートばかりを重視していると、いつまでも実力がつかず、結果として困るのは自分自身なのだということを、きちんと教えておきましょう。

私は育休明けの人に「『1時間だけでも働きにきてほしい!』といわれる人になりましょう」と提案しています。

そのためにも、磨くべきスキルをきちんと身につけさせ、契約社員や時短勤務などという雇用形態の枠を飛び越えて、**「どんな形でもいいから、ぜひ働き続けてほしい!」**と懇願されるようなメンバーにすることを目標にしましょう。

5

〔状況別〕対処法⑤
同期など同年代のメンバー

入社したての頃は、和気あいあいといった関係でいられた同期も、リーダーというポストにつく頃には、ライバル心をむき出しにしてくるケースがあります。

ありもしない噂話を吹聴されたり、不在時にお客さまからの電話を受けていたのにもかかわらず、連絡を取り次いでもらえなかったり。

まして同期の出世頭ともなれば、妬《ねた》みや、やっかみから嫌がらせを受けることがあるかもしれません。

そんなとき、まず考えてみてほしいのは、**「自分の言動が鼻につくようなものになっていないか？」**ということ。

たとえば、

「私はあなたたちとは、もう違うのよ！」

などといった具合に、態度をこれまでと一変させていないでしょうか？

そんなことをすれば、同期がどんどんあなたから距離をとってしまうようになってもいたしかたありませんよね。

では、どうすれば同期と良好な関係を築くことができるのでしょうか？

そのための最大のポイントは、初心を忘れず、**「互いに成功を喜び合うこと」**。

そして、それまでと態度を変えるどころか、「私もまだまだ勉強中だから！」と上下の関係にならないような細やかな配慮が必要です。

そういう姿勢でいれば、リーダーになってもそれまでと同じように親近感をもって接してもらえることでしょう。

ときには、**「こんなとき、○○さんならどうする（思う）？」**というように、自分の弱い部分を見せて相談をもちかけたり、それとは逆に、同期の心強い相談相手になれるように心がけましょう。

スタートが一緒だったという意味で、同期というのは特別な存在です。

さらには、同期は重要な情報源にもなります。

あなたも、ぜひ同期と「いい関係」を築いてください。

6

〔状況別〕対処法⑥
プライドが高いメンバー

リーダーになったばかりの頃、いつも高飛車な態度で、私の指示にまったく従わないメンバーに頭を悩ませていました。

しかも、ミスをしても、間違いをしたと認めず、いっさい謝らないのです。

「別のチームに移ってほしいな……」というのが正直な気持ちでしたが、「でも、ここで引き下がるわけにはいかない！」と思い直した私は、「仕事が終わったら食事でもどう？」と誘ってみることにしました。

すると、「クライアントとの間でトラブルがあり、悩んでいる」と告白し始めたのです。

このように、プライドが高い傲慢なタイプのメンバーとは、**「1対1の本音トーク」**が有効です。

あなたに対しても、「じつは、こんなことがあって……」と悩みを打ち明けてくれるかもしれません。

もう少し過激な手段として、**「相手のプライドの鼻をへし折る」**という方法があります。

「そんなことをしたら会社を辞めるのではないか?」と心配する人もいるでしょうが、心配ご無用。

「そんなふうに完璧に見せなくていいよ」と楽にさせてあげるのが目的だからです。

実際、プライドを高く保ったまま仕事をしているほうが、本人もしんどいことのほうが多いのです。

「失敗は失敗と認めたらいい」とメンバーにいって、気持ちを楽にさせてあげましょう。

ただし、その際には、メンバーがいっていることを鵜呑みにしてはいけません。

なぜなら、プライドが高い人ほど、本音をいってくれないものだからです。

それを前提に接することが大切です。

仕上げは、「失敗がないということは、新しいことにチャレンジをしていないということ?」と伝えて、**「失敗していない=チャレンジしていない」**という認識をもたせましょう。

「できる人は、失敗談を笑って話せる人。○○さんにもそういう人になってほしい。そうすれば、もっと素晴らしい仕事ができるから」というのも効果的です。

相手のプライドを傷つけない形で、プライドの鼻をへし折ってあげるのもリーダーの役割です。

7

〔状況別〕対処法⑦

必要以上に自分を卑下するメンバー

まず、質問です。

「私（僕）なんて、どうせムリなんです。もういいです」

とメンバーが弱音を吐いてきたら、リーダーとしてどう対応しますか？

「そんなこといわないで頑張ってよ！」

「やってみなければわからないでしょ！」

などと説得を試みるかもしれませんね。

これはこれで悪くはありませんが、それ以上に大切なことがあります。

それは、メンバーに対して「私は、チームの一員として何かしらの貢献ができている」という**「貢献実感」**と「自分はやればできる人間だ」という**「自己効力感」**を与えることです。

具体的には、以下のような言葉を投げかけるとよいでしょう。

「○○さんはチームに欠かせない一員だからね！」
「○○さんなら絶対にできるよ！」
「今後の○○さんに期待してるよ！」

私は、仕事の成果は、能力の差だけで表れるものではなく　大半は、**「どのような気持ちで仕事に取り組むのか？」**によって左右されると思っています。

そして、そのようなマインドをつくるうえで一番大切なのが、メンバーを信じる気持ちです。

「貢献実感」と「自己効力感」を満たすような声がけの繰り返しが、メンバーに自信をもたらします。

そしてそれは、メンバー自身が自らの力を最大に発揮する心や行動を育みます。

ぜひ、あなたもメンバーがそうなるような声がけをしていきましょう。

きっと少しずつ元気を取り戻し、自信に満ちた人に変身する日がくることでしょう。

8 〈状況別〉対処法⑧ 優秀なのに出世を拒む女性メンバー

最近、「女性に対して『リーダーを目指しましょう！　あなたたちに引っ張ってほしいのです！』と経営者や人事部が熱弁をふるっても、だれも手をあげないんです」という悩みをさまざまな企業の方から打ち明けられます。

そこで私自身、試行錯誤してきたなかで効果があったもののうち、代表的な5つの方法をご紹介します。

●ターゲットの女性へは、根気よく、何度もアプローチし続ける

↓謙遜する気持ちから、まずは断るという場合もあります。人を代えてアプローチするのも1つの方法です。

●リーダーのタイプは1つではないことを伝える

↓そうすることで、「それなら自分にもできるかも」と思ってもらいやすくなります。

●リーダーになることによって本人が得られるメリットを伝える

↓リーダーになることを打診されたとき、本人の気持ちのなかでは「いまよりも大変になる」ということだけがクローズアップされがちです。リーダーという仕事が、自分のキャリアや人生にどのようにプラスに働くのかということを伝えると納得感が増します。

●会社から求められている役割・期待を丁寧に伝える

↓「なぜ、○○さんなのか?」を伝えられると、素直に嬉しくなるものです。「それなら」と本人も前に進みやすくなります。

●「あまりかまえずにリーダーをやってみてほしい」と伝える

↓仮にうまくいかなかったとしても、またやり直しもできるということを示しておくと、肩の力を抜いてリーダーの仕事に取り組めるようになります。実際に、そのような任せ方をされた女性のほうがリーダーとして成功しています。

いまや、女性リーダーが増えていくことは、時代の要請でもあります。

ぜひ、あなたもリーダーになるかどうかで迷っている彼女たちの背中をやさしく押してあげられる存在でいてください。

9

〔状況別〕対処法⑨
ムダに残業が多いメンバー

「どうして早く帰る人に合わせないといけないんですか！」

リーダーに不満をぶつけているのは新人のY君。

聞けば、残業するのは当たり前で、バリバリ仕事をしたいとのこと。

一方で、育休明けのUさんは「『帰ります』というのがつらいんです」と、Y君をはじめとする職場の冷たい視線に耐えられず、退職まで考えているとのこと。

リーダーの仕事は、限られた就業時間のなかで、成果を出すことです。

遅くまで残って社員を見守ることが仕事なのではありません。

私だったらY君に対して、とくに忙しい時期でもない場合は夜遅くまで残るのではなく、終業が6時だったら、せめて7時くらいまでの間に仕事を終わらせる方法を見つけるように促します。

そして、それがY君にとっても出世や評価につながることをあわせて伝えます。

「バリバリ働きたいという気持ちは、とても素晴らしい。でも、いまは限られた時間のなかで勝負できる人が評価される時代。だから、時間の長さで勝負すると、かえって評価を下げることになる」

バリバリ働きたいという気持ちは尊重してあげて、頑張り方のベクトルを変えてあげるのです。

昨今、ワークライフバランスという時代の流れから、残業させたくないと考えている組織が増えています。なかには、「早帰りデー」が週に3日ある会社も。

つまり、就業時間のなかできっちり成果を出してくれる人をありがたく思っているのです。

先のY君のようなケースでは、まずは1時間仕事を早く終わらせるためにはどうすればよいのか、具体的にいまの仕事を**「リストアップ」**することから始めてみてください。

そして、ムダをなくすなど、徐々に残業する時間を減らしていきます。

これまで夜の9時だったのを8時にするなどです。

こうして少しずつステップを踏んで進めていけば、自然と効率よく仕事を進められるメンバーに育っていくことでしょう。

10

〈状況別〉対処法⑩ 言い訳ばかりするメンバー

リーダーが忠告、注意をしたとたん、「いや、違うんです」「でも、おかしいですよね」などと、必ずといってよいほど言い訳をしてくるメンバーがいます。

ウンザリしているリーダーもいることでしょう。

かといって、根負けするわけにもいかないですよね。

何より、そんなメンバーを放置していれば、「リーダーとして情けない」と評価を下げてしまうことにもなりかねません。

とくに問題なのは、「それって、私だけじゃないですよね」と他人を引き合いに出して言い訳してくるメンバー。

そういうメンバーに対しては、自分の課題と真剣に向き合わせるようにしましょう。

「人と比べてどう」という考え方をやめるように指導するのです。

まずは「課題は人によってそれぞれ違う」ということを認識させて、**「ライバルは他人ではなく自分自身」**だということを教えなければいけません。

そして、「いまのあなたは、自分ができていないことを他人や環境のせいにしているよ」「過去の自分と比べて、あなたは伸びているの?」と厳しくいうのです。

「仕事を通じて、あなたはどうなりたいの?」とメンバーの心を丸裸にして、徹底的に追及していきます。

そのうえで、逆算思考で考えます。

「目標を達成していくために何が足りないのか?」「どうあるべきなのか?」を洗い出して、「どれからやっていく?」と優先順位をつけさせましょう。

また、私の経験からいうと、言い訳をしないメンバーは仕事の飲み込みが早く、次のステップにサッと進みます。当然、残業も少なくなっています。

その一方で、言い訳ばかりしているメンバーは、行動に移すまでの時間が長くなるので、必然的に残業が多く、生産性も低くなっています。

したがって、言い訳の多いメンバーに対しては、「言い訳をしないように心がければ、1時間早く帰れるよ。生産性も30%アップするよ」とはっきりいうようにしましょう。

そして、言葉ではなく、行動で示すように求めましょう。

それが結局は本人のためにもなるのです。

11

〔状況別〕対処法⑪
協調性のないメンバー

飲み会に来ない。残業をお願いすれば嫌な顔をする。担当しているお客さまにトラブルが発生して、本人の携帯に電話するも、休日は完全オフのため、まったく連絡がつかない。リーダーやチームに合わせようとしないメンバーの場合、どう対応すればよいか頭を悩ませることでしょう。

そんな場合は、思いきって**「困っている。助けてほしい」**と伝えてみるのも1つの方法です。優秀なメンバーほど、リーダーが自分に本心を打ち明けたり、頼ってくることに対して、自己重要感を覚えることがあるからです。

私の知人の女性リーダーは、あるメンバーがあまりにも協調性がないことについて悩んでいました。

そこで上司にメールで相談したところ、なんと上司がメンバーにそのメールを転送し、「こんなにリーダーが困っているぞ」と伝えたのです。

「なんてよけいなことを……」と思っていた彼女でしたが、意外なことに「僕がこんな気持ちにさせていたとは思わなかった。勝手なことをしていて、申し訳なかったです」とメンバーから歩み寄ってくれたのです。

以来、他のどのメンバーよりも気遣いを見せてくれて、リーダーを助けてくれるようになったといいます。

群れないメンバーだからこそ、孤独なリーダーの不安や悩みに対して、他のメンバー以上に共感を示してくれる場合もあるのです。

とくに女性リーダーの場合、「群れない＝自分勝手」という先入観があるようです。

ところが、メンバーにしてみれば、社内の人間関係にわずらわしさを覚えていたり、「まずは、自分自身が自立しなければならない。チームのことはその次のステップ」と考えていたりなど、本人なりの理由があるのです。

あまり神経質になりすぎないことです。

メンバーとリーダーとの間で信頼関係があればよしとしましょう。

私の経験からいっても、群れないメンバーには結果を出している人が多いので、本人がそうしている理由を把握したうえで何らかのきっかけを与えれば、自らチームのために行動するようになります。

そうなれば、リーダーにとって心強い援軍になってくれることでしょう。

12

〈状況別〉対処法⑫

能力に自信をもてずにいるメンバー

自分の能力に自信をもてずにいるメンバーに対しては、**「自らやらせて成功体験を積ませると効果的」**だといわれています。

過去の私も、成功体験を積ませようと躍起になるあまり、仕事の8割をリーダーである私がすませ、残りの仕上げ部分だけをメンバーにさせていました。

契約になれば「おめでとう!」と大きな拍手で盛り立て、「○○君がこんな素晴らしい結果を残しました」と社内にメールをして皆で喜んだり……。

ところが、成功体験を積むことで積極的になってくれるかと思いきや、さにあらず。いっこうに変化が見られなかったのです。

悩んだ私は、次にそれほど難しくない案件で、メンバーに成功体験を積ませようと考えました。

小さな成功体験を積ませることで、自信を深めてもらおうと思ったのです。

ところが、せっかく自らの力で成功したのにもかかわらず、重要な仕事では相変わらず私に頼ってくる始末。

つまり、成功体験の積み上げだけでは、本当の意味で独り立ちできないということなのです。

では、どうすればよいのでしょうか?

それは、成功体験と同時に、失敗体験を積ませることです。

自分の能力に自信がないメンバーの傾向としてあげられるのは、失敗をとても恐れているということ。

そして、失敗を恐れるあまりに、何もしないという選択をします。

失敗体験を積ませるうえで重要なのは、**「失敗＝いけないこと」**ではなく、**「失敗＝成長」**だと植えつけることです。

そのうえで、失敗したという事実から、「どのようにして自らの成長につなげるか?」をリーダーが一緒になって考えることが大切です。

ぜひ、日頃からリーダーとして失敗を歓迎する風土をつくっておくのと同時に、メンバーの課題をきちんと把握するようにしておいてください。

失敗を重ねて、そこから学び、成長につなげるというサイクルが定着すれば、やがては自ら積極的に動くようになることでしょう。

13

〔状況別〕対処法⑬
ナンバー2の立場のメンバー

「どれだけリーダーがお前たちのことを考えていると思ってるんだ！」「チームに迷惑をかけているだろう！」などと、リーダーさながら他のメンバーを叱咤するメンバーがいます。

多くはリーダーの次に位置しているようなナンバー2の立場にいるメンバーに見られ、他のメンバーの至らない点を、リーダーに代わって熱血指導するのです。

多忙なリーダーからすれば、自分の目が行き届かない点をサポートしてくれるのは、本当に心強く、ときには全幅の信頼を寄せることもあるでしょう。

でも、いわれたメンバーはどう感じているでしょうか？

「会社は僕に期待していないんですよね」と自虐的になったり、「リーダーでもないのに、口やかましい。理想を押しつけてきて迷惑だ。何とかしてください」となってしまいかねませんよね。

両者の板ばさみになって、つらい立場に立たされるリーダーもいることでしょう。

そんなときは、まずはチームのために思って奮闘してくれているナンバー2のメンバーに「ありがとう」と感謝をすることからスタートさせましょう。

リーダーにとってもチームにとっても一番大切な人材は、チームや人のために働ける人。そこをまずは評価するのです。

そのうえで、やり方をどうすればよいかを話し合ったり、指導したりしていくと、真の意味でのナンバー2になる可能性が高まってきます。

次に、叱咤されたメンバーに対しては「なぜ○○さんは、あなたにいっていると思う?」と理由を聞いてみましょう。

そして、的外れな回答をしていれば、正していきます。

リーダーはある意味、審判でもあります。

つまり、それぞれの思いや利害を調整するのが役割だということですね。

その際、リーダーとして衝突を恐れてはいけません。膝と膝を突き合わせて議論したり、思っていることをぶつけ合うことが大切です。

いかにして同じベクトルに向かわせるのか?

それさえできれば、以前よりも強い信頼関係で結ばれたチームにすることができるでしょう。

第3章
「マネジメントの基本」のエッセンス

◎年上の男性メンバーには、その経験値が活かせるような重要な役割を与えつつ、他のメンバーの「お手本」になってもらいましょう。

◎年下の男性メンバーには、ときには厳しく、ときにはやさしく、そして出世を応援するスタンスで接するのがベター。

◎教える立場にすえると、輝く人が多いのが年上の女性メンバー。「共存共栄」がいい関係を築くうえでのキーワードです。

◎年下の女性メンバーには、男性よりも早咲きが求められることを伝えましょう。

◎同期のメンバーと良好な関係を築く秘訣は「互いに成功を喜び合うこと」にあります。

◎プライドの高いメンバーには、「1対1の本音トーク」が有効です。

◎「貢献実感」と「自己効力感」を与える声がけがメンバーの自信につながります。

◎女性リーダーが増えるのは時代の要請。迷っている女性メンバーの背中をやさしく押してあげましょう。

◎ムダに残業が多いメンバーには、いまの仕事を「リストアップ」させることから始めると効果的です。

◎言い訳ばかりするのは、余裕がある証拠。真剣に自分の課題と向き合わせましょう。

◎協調性のないメンバーには、リーダーが困難に直面していることを伝えてみるのも1つの方法です。

◎自信のないメンバーには、成功体験だけではなく、失敗体験も積ませましょう。

◎リーダーは審判。ナンバー2とその他のメンバーの思いや利害を調整するのも役割の1つです。

第4章

メンバーがやる気になる、目の色がガラリと変わる！

――任せ方の基本

どうすれば、やる気を失わずに、
志を高くして働いてもらうことができるのか？
この章では、そのための前提となる
「やる気を引き出す任せ方」を伝授します。
ここでお話しするエッセンスを習得することで、
あなたのチームづくりに、さらに磨きをかけましょう。

1

女性リーダーのマネジメントのキモは「任せる」にあり

女性リーダーがマネジメントをするうえでの最大のカギ。

それは**「任せる」**ことです。

何でもかんでも100％、自分で教えようとか、自分で説明しようとするのではなく、相手に任せるという発想をもつことが大切です。

リーダーというのは、そもそも多忙を極めているもの。

ましてや、子育てや、介護などのライフステージの際には、なおさら限られた時間のなかで働くことになるでしょう。

とうてい何もかもを1人でこなすことなど、できませんよね。

女性に限らず、リーダーの最終的なゴールは、「自分がいなくてもきちんと仕事が回るようなチームをつくること」にあります。

そのためには、自分の仕事を棚卸ししてみて、メンバーにチャレンジさせてみるとよいでしょう。

メンバーにしてみれば、これまで以上の経験が積めますし、リーダーにしてもマネジメントに集中できるというメリットが生まれます。

このとき、ポイントになるのが、

「私にムリやり押しつけている！」

「ただ単に自分が楽をしたいからだ！」

などと思われないようにすることです。

リーダーがいなくても回る組織をつくるのが目的なのですから、それぞれ、**「なぜ、何のために、これをするのか？」**ということをしっかり伝えるようにしましょう。

「あなたの成長に結びつけてほしいからそうする」ということが伝われば、メンバーも悪い気はしないはずです。

さらに、「なぜ、あなたに任せるのか？」と、**「その人に任せたいと思った理由」**も付け加えると、メンバーも「頼られた」と感じて、よりいっそうやる気になることでしょう。

「〇〇リーダーのもとで働いたら、力がつきました！」

ぜひ、そういってもらえるリーダーを目指しましょう。

2 やる気のないメンバーへのモチベーションアップ法

ある調査で、子育て中の20代、30代の女性に次のような質問をしているのを見たことがあります。

「あなたは、なぜ子どもをもつようになっても働き続けているのですか?」と。

圧倒的に多かったのが、**「仕事にやりがいを感じているから」**という答え。

2位以下は「会社が仕事と家庭の両立に配慮してくれているから」「子育てしながら働いている、お手本となる先輩がいるから」など、仕事と家庭が両立できるかどうか、というものです。

このように、とくに女性や若手層は、「3年で幹部になれる!」「○○ができれば給料アップ!」などと訴えてマネジメントをしようとしても、あまり響かないことが多いという現実があります。

私の研修でも「何のために働いているのですか?」と尋ねた際、「自分の成長のため」「充実した人生を送るため」という人が多くなっているのを実感しています。

対照的に、「お金や生活のために働いている」と答える人は、年齢が高くなればなるほど増えていく傾向があります。

つまり、やる気がない女性や若手のモチベーションアップを図るなら、金銭的報酬ではなく、非金銭的報酬を与えたほうが効果的だということなのです。

それでは、リーダーが与えられる非金銭的報酬とは、具体的にはどんなものが思い浮かびますか?

じつは、とても身近にあるものばかりです。

①賞賛:「頑張ってるね」「よくできたね」

②期待:「君には期待している」

③感謝:「〇〇してくれて、いつもありがとう」

これらが報酬になるのです。

難しく考える必要はありません。

リーダーからのこんなひと言の積み重ねが、メンバーのやる気に火をつける原動力になるのです。

まずは、この3つをメンバーに与えられる、プラスアルファのひと言を見つけましょう。

きっとメンバーの目の色が変わってくるはずです。

3 メンバーへの目標の与え方にはコツがある

リーダーである以上、「与えられた数字を達成するためにはメンバーにも責任をもってほしい」と考えるのは当たり前のことでしょう。

でも、数字のことをいえばいうほどメンバーは離れていくので注意が必要です。

とくに女性メンバーからは、「現実的なことばかりいっている」と嫌われかねません。

では、どうすればよいのでしょうか?

答えは、**「会社から与えられた目標以外の目標を与える」**ことです。

そしてその際には、**「2つの共有」**が大切になります。

① 数字を達成することで、どんな次のステップが待っているのか

② この仕事を通じて、会社の目標以外で将来、どのようになりたいのか

少し先を見せたうえで、それをどうすれば実現できるのかを一緒に考えます。

たとえば、メンバーの希望が「起業したい」と、いまの目の前の仕事を飛び越えたものだったとします。

その際、「それはちょっと……」と否定するのではなく、「起業？　それはいいね」とパッといえて、受け入れる器量をもちましょう。

そして、たとえばそのメンバーが営業職だとしたら、「将来、社長になるためには、いま営業という仕事についているのだから、何をしなければいけないのか？」を具体的かつ徹底的に洗い出します。

「お客さまに信頼されるようにならなければいけない」→「社内でも人間関係を築けるよう自分から働きかけなければいけない」→「目標を達成しなければいけない」→「営業力をつけなければいけない」→「コミュニケーション能力を磨かなければいけない」と逆算して、その中身を共有していきましょう。

ここでのポイントは、**「現状を知ることを怖がらせない」**ことです。

「自分の弱点を知られたくない」と思うためなのか、現状をあぶり出すことに抵抗を示す人がいますが、それでは前に進めないことをしっかりと伝えましょう。

大丈夫。

現状を知ることが将来の自分にとってプラスになると納得できれば、人は、少しずつでも前に進みたくなるものです。

ぜひ、メンバーの夢実現のサポート役になってあげてください。

4
「怒る」と「叱る」の違い、知っていますか？

リーダーは、人を育てることが大切な役割の１つです。

ところが、熱心に指導しているつもりが、度を越し、**「パワハラ」**めいてしまうことがあります。

こうなるとメンバーが委縮するばかりか、下手をすると自分自身もストレスから体調を崩すようになってしまうでしょう。

そもそも怒るというのは、感情をむき出しにするということです。

判断力が鈍くなるし、冷静に話ができなくなります。

当然、メンバーとわかり合うこともできません。

では、どうすればよいのでしょうか？

ズバリ、「叱り上手」になることです。

ちなみに「怒る」と「叱る」の目的の違いをご存知でしょうか？

「叱る」は、「メンバーのよき未来をつくる」という目的が明確にあって、そのために忠告したりアドバイスしたりすることをいいます。

決して感情的になることではありません。

これに対して、「理想どおりにならない」「うまくいかない」と思ったとき、メンバーのためではなく、自分がスッキリすることが目的になってしまっているのが「怒る」です。

私は仕事柄、いろいろなリーダーとご一緒する機会がありますが、女性はどちらかというと、後者のような「怒る」を選択することが多いように思います。

そして、「ああ、やっちゃった」と後悔する。結果、ストレスになる。

繰り返しになりますが、「叱る」という行為は、冷静で客観的なものです。

目的を見ればわかるように、相手がよくなるために、**「自分はメンバーに何をしてあげられるのかな？」**と考えるのが「叱る」の原点ともいえます。

そこからスタートすれば、細かいところを追いかけて、「それはダメ」「何してるの！」とメンバーに対してヒステリックになることはありません。

いろいろなところに目が行き届きつつも、頭のなかはクールでいられるでしょう。

そうすれば、怒っていては見逃してしまうような小さな改善点もキャッチできますし、メンバーにもきちんと聞き入れてもらえることでしょう。

5 いいにくいことを上手に伝える、とっておきの方法

メンバーを育てるうえで欠かせないのが、**「短所や弱点をどう克服させるか？」**です。

短所や弱点はだれにでもあるもの。

ところが、目標を達成しているメンバー、なかでも稼ぎ頭に対しては、機嫌を損ねないようにするあまり、指導が行き届かなくなることもあります。

これを放置しておくと本人のみならず、チーム全体が「目標を達成してさえいれば、何をしても許される」という認識に変わり、後々厄介なことになります。

そこで、有効な方法があります。

それは、「『長所を伝える＋期待を伝える』で気づきを与える」というものです。

いいにくいことを伝える際は、改善点のみを伝えない――。

これがポイントです。

たとえば、「お客さまへのこういう対応がよい」「達成能力がある」などの強みをもっているメンバーには、まずは「その強みを伸ばして成長してほしい！」ことを伝えます。

そのうえで、「お客さまだけではなく、社内への配慮や心遣いができると、さらにステップアップできる！　期待しているよ！」というように、「弱み」の部分を**「期待」**に変えて伝えるようにするのです。

できれば、メンバーと話をする際には強みと改善点を5つずつくらいあげて、そのなかでもさらに伸ばしてほしいところを話したうえで、とくに改善してほしいところを「期待」という形で強調できれば、より納得感を得られやすくなります。

とくに男性メンバーは、自分の弱点や短所を女性リーダーにさらけ出すことに抵抗を感じるものです。

単に弱点を指摘されても、「おっしゃるとおり、できてないですね」で終わってしまうことでしょう。

繰り返しになりますが、**ポイントは長所を伝えたうえで、克服してほしい弱点については「期待」という形で伝えるところにあります。**

リーダーの話に納得し、メンバーが自らその弱点を克服しようと努力するようになれば、黙っていてもそのメンバーは伸びていきます。

あなたには、そんな形でメンバーを育てられるリーダーであってほしいと思います。

6 女性リーダーの器量はこんな場面で試される

男性リーダーと比べて、女性リーダーはメンバーの感情に影響されすぎる傾向があります。

メンバーが泣いていると「ああ、かわいそう」、怒っていると「それは大変だ！」といった具合に。

しかし、メンバーの表面的な姿に惑わされてはいけません。

そうなってしまうと、本来リーダーとして押さえておくべきところが見えなくなってしまうからです。

解決を早めるためには、メンバーの感情の問題はさておき、**「真実の状況」**をキャッチすることが先決です。

たとえば、メンバー間でトラブルが起きたときは、「何がどうしたのか？」とあくまでも中立の立場で、かつ時系列で状況を把握する必要があります。

その際には、「どちらか一方だけの話を聞いて終わらせる」というようなことをしてはいけません。

ましてや、どちらか一方だけの話を聞いて、もう片方のメンバーを叱ったり、注意するなど言語道断です。間違いなく、その後のメンバー同士の関係、さらにはあなたとメンバーとの関係が悪くなります。

そうならないためにも、必ず双方から話を聞くこと。これをルールにしましょう。

また、仲裁に入る際の原則は、**「個別に話を聞く」**ということです。

時間がないときは、いっぺんに2人から話を聞くしかありませんが、その場合でもどちらかが悪いと決めつけて話を進めないこと。

さらに、即座に話を聞くことができないのなら、できるかぎり日をあけずに、すみやかに別々に話を聞いて、きちんと事実関係を把握するようにしましょう。

場合によっては、「メンバーは自分の立場が悪くなるような報告をしない」といった性悪説に立つことも必要になります。

いずれにしても、メンバー間でトラブルがあった場合は、客観的な事実を冷静に把握することに努める――。

意外にこれができていない女性リーダーが多いので、しっかりと心に留めておいてください ね。

7

男女で扱いが違いすぎるのは絶対に厳禁

女性メンバーが最も嫌う女性リーダーとは、どんなタイプかわかりますか？

それは、**「男性に媚びるリーダー」**です。

実際、ある女性がこんなことをいっていました。

「私の上司（女性）、やたらと男の人にペコペコしているんです。男性のほうが出世すると思っているのかもしれませんが、媚を売っている姿を見ていると、とても気分が悪くなります。女の人には決してあんな接し方なんてしないのに……」

これとは逆に、女性だけでメンバーを固めたり、女性のメンバーばかりとコミュニケーションをとっている女性リーダーは、男性から面白くないと思われます。

「何を提案しても全然意見が通らないんです。単に自分が男だからという理由で否定されている気がして……」

このように、性別によって態度が違いすぎると、結局、最後はだれもが逃げていって、味方についてくれなくなってしまいます。

では、どうすればよいのでしょうか?

とにかく男性、女性に上下をつけることなく、「公平平等」を意識すること。

当たり前のことですが、なかなかこれができていない人が多いのが現状です。

男性は「さん」と呼ぶのに、女性には「ちゃん」と親しみを込めて呼んだり、男性には一線を引いているのに、女性にはやけに馴れ馴れしくしている。

反対に、男性は「ちゃん」、女性は「さん」と呼ぶ。

とくに後者の場合は、「あの男性に気があるんじゃない?」と女性メンバーから思われてもしかたありませんよね。

こうなると、チームなどまとまるわけがないということは、あなたにも理解できるはずです。

大切なことなので、もう一度いいますが、**男性だから、女性だから、とどちらかに肩入れをすることがないようにしましょう。**

最終的には、どっちつかずになります。

常に公平平等さを意識したマネジメントを心がけましょう。

8

信頼される女性リーダーほど「感情マネジメント」ができている

リーダーになったばかりの頃、数字ばかりを見ていた私は、やたらと細かいところに口をはさんだあげく、熱くなりすぎてしまって、かえってメンバーの成長を邪魔していたことがあります。

ある雑誌のアンケートでも、女性上司との仕事に「働きづらさ」を感じていると答えた会社員にその理由を尋ねたところ、第1位は、「感情的になる傾向があるから」（69・6％）でした。

自由回答でも、「好き嫌いを出しすぎて、周りがついていけない」「とくに若手に対してヒステリックに対応する」など、感情面を理由とした問題点が多く寄せられていました。

チームをきちんとまとめあげられる女性リーダーになるには、**「〜すべき」といった完璧主義に陥らないことです。**

たとえば、男性経営者の著名な本を読んで、「マネジメントとはこうあるべきだ！」と刺激を受けすぎてしまい、それを実践することで頭がいっぱいになり、メンバーの表情さえも見えなくなる女性リーダーがいます。

「べき論」にとらわれず、いったんクールダウンして状況を見つめましょう。

そこでお勧めなのが、**「柔軟主義」**を取り入れることです。

ここでいう柔軟主義とは、「だれにでも迎合する」という意味ではありません。自分の考えに固執するのではなく、軌道修正することをよしとして、その場に応じた状況判断を心がける、ということです。

リーダーには、ときには「これでいいのかな?」と自分の考えに疑いの目をもち、最善の選択をすることが求められます。

その際、柔軟さがあれば、「最初に決めたんだから、いまさら譲れない」などとかたくなになって、メンバーと衝突することも避けられるでしょう。

私自身、この柔軟主義を意識するようになって以来、「なるほど、そういう考え方もあるんだな」とストレスを感じなくなったばかりか、自分でも不思議なほど冷静に、ものごとに対処できるようになりました。

そして、それにつれてチームの結束力が高まり、数字もグングン上がっていったのです。

9

「経験したことがないから、できない」というフレーズは封印させよう

女性リーダーが集まっていた座談会で、こんな話を聞いたことがあります。

ある女性リーダーが、若手の女性メンバーから「新しいマーケティングの仕事はやったことがないから続けられるか不安」と相談を受けたとのこと。

そこで彼女は「そうだよね。その気持ち、よくわかるよ」と深く共感を示し、他のメンバーにお願いしようと考えました。

ところが、どのメンバーからも「私もできるかどうか不安です」という回答ばかり。

結局、だれにも任せることができなくなってしまったというのです。

このように、リーダーが直面する課題の1つに、**「やったことのない仕事にメンバーがチャレンジしない」**というものがあります。

いくらリーダーが期待して仕事を割り振っても、「やったことがないから、できない」と食わず嫌いになってしまうことは多いものです。

でも、これを放置していると、そうした姿勢は本人だけにとどまらず、他のメンバーに

も伝染し、「新しい仕事をやりたがらない」というチームになってしまいます。

リーダーは、「変化を恐れない、強いチーム」をつくらなければなりません。

変化を恐れない強さとは、前例のない課題にチャレンジすることでもあります。

私なら、「不安になる気持ちはよくわかる」と共感しつつも、

「『やったことがないから、できない』というのは、『自分は無能』と人前で示しているようなもの。ぜひ〇〇さんには、やったことがないからこそチャレンジして道を切り開いていく人になってほしい」

といって諭します。

本来、仕事というのは、やったことのないことだらけ。

経験したことだけを任されるわけではありません。

「仕事とは未経験のことを任されるもの。『経験したことがないから、できない』という考えは封印すべき」と、ときには毅然とした態度で臨むことが大切です。

そしてあなた自身、そのようにすることでメンバーをより高みに導くことができると肝に銘じましょう。

10
仕事を「数値化」すれば メンバーの納得感もグンとアップ

「1人1分ずつ自己紹介してください」

私はよく研修の参加者の方に自己紹介をお願いすることがあります。

しかし、ちょうど1分で終わる人は10人に1人もいません。

多いのが、「まだまだ話し足りない」「いいたいことの半分もいえない」という人。

逆に、「1分は長すぎて何をいえばいいかわからない」という人もいます。

このことからもわかるように、限られた時間で話すのは意外と難しいものです。

リーダーになれば、メンバー時代とは異なり、よりいっそう時間管理が求められます。

まず、**「仕事にかかるおおよその時間」**を知ることが大切です。

そして、そこでお勧めなのが**「ストップウォッチを用いる」**ことです。

「何分で、どれだけの仕事ができるのか?」を計測するのです。

そうすれば、女性リーダーにとって、なくてはならないスキルである**「仕事の見積もり能力」**が身につきます。

さらには、この見積もり能力がつけば、メンバーのタイムマネジメントにも当てはめて使えるでしょう。

たとえば、メンバーに対して、「仕事が遅い」とただ漠然と叱るのではなく、「この資料は1時間で作成してみよう」「そろそろ、締め切りの1時間前だけど、最終の詰めはどうかな?」などと、やるべきことを数値化したうえでメンバーとコミュニケーションを図ることもできます。

締め切りの予定時間をオーバーするなど、時間にルーズになるということは、仕事の見積もりが甘いことの裏返しでもあります。

リーダーは限られた時間のなかで成果を出さなければいけませんよね。

そのためにも、リーダーとして**「時は金なり」**の精神で、時間対効果を計測できるスキルを身につけましょう。

思わぬムダを発見できることもあります。

リーダーが、成果だけではなく時間という視点からでも仕事を考えるようになると、チーム全体の生産性向上につながります。

「ああ、もうこんな時間だ……」とならないためにも、こまめにストップウォッチを使って進捗を把握するなど、さっそく試してみましょう。

11

メンバーをねぎらうときはこんな工夫をしてみよう

メンバーがよくやってくれたと感じたとき、リーダーとしては、どのようにねぎらえばよいのでしょうか?

「頑張ってるね!」「よかったね!」などという言葉が思い浮かぶかもしれませんね。

メンバーの頑張りや努力にフォーカスしてねぎらうのは、リーダーとしてとても大切なことです。

こまめにフォローすることで、「心がこもったリーダーだ」という印象を与えることにもつながるでしょう。

ところが、じつはそれだけでは不十分なのです。

なぜなら、**「チームとの連帯感」**という視点が抜けているからです。

たとえば、「○○さんの成長が他のメンバーの刺激になって、チームが盛り上がってきたね」という具合に、必ず**「個人とチーム」**を結びつけたうえで、両方の視点からねぎらうようにしましょう。

実際、個人の頑張りだけでねぎらうようにしていると、チームへの関心が薄れて、いつしか一匹狼的な存在になってしまって、チームがギクシャクすることもあります。「ノルマさえクリアすれば他のことはどうでもいいや」と、個人プレーに走るメンバーを生み出しかねません。

さらには、チームのために自らの時間や数字を犠牲にしてくれている他のメンバーの苦労も無視してしまう結果になることもあるでしょう。

個人の頑張りをねぎらうのと同時に、チームへの貢献についてねぎらう——。

それでこそ、チームとしての連帯感が生まれてくるのです。

ぜひ、メンバーと目標を設定する際には、**「自分の目標はチームの目標と、どのようにリンクしているのか?」**と自発的に考えさせるようにしてください。

また、忘れてはならないのは、日頃から**「チームはメンバーがいてこそ成り立つ」**といった視点に立つことです。

そうすれば、メンバーの成果とチームの成果をうまく結びつけられる、素晴らしいリーダーになれるはずです。

12 メンバーに「働く意義」を与えていますか?

リーダーは、「目標を達成したか、そうでないか」ということばかりを追いかけてしまいがちです。

過去の私も、まずは数値目標の達成が何よりも優先すべきことだと思っていました。

そのため、「あと○○円で達成だね」などと会社から与えられた数値目標を追いかけることが、もっぱらメンバーとの接点になっていました。

しかし、そうしていくと、メンバーのなかには、「自分はただの歯車の一部だ。ノルマを達成しなければ、いる価値がない」「結局、自分の代わりなど、いつでも見つかるだろう」などと考える人が出てきます。

私は、メンバーを幸せにできるかどうかは、**「メンバーに『働く意義』を与えられるかどうか」**だと強く感じています。

そうでなければ結局、メンバーは「こんな職場より、もっといい職場はないか?」「もっと楽しい職種があるはずだ」などと考えるようになってしまうでしょう。そして、そういうメンバーをつくっているのは、他ならぬリーダー自身だということです。

そうならないためにも、ぜひ、メンバー1人ひとりに「いまの仕事をすることで、自分の人生にどんなプラスの意味があると思う?」とダイレクトに問いかけてみましょう。

たとえば、私のメンバーの場合、「営業の仕事を続けることで、人と話すのが楽しくなった」「お客さまから必要とされることで、私生活でも自分に自信がもてるようになった」などと返ってきました。私は本当に嬉しくて、思わず涙が出そうになりました。

なかには、問いかけても「意義なんて思いつかない」というメンバーもいるでしょう。

そういう場合は、「私の場合はこうだったな」「いまの職種なら、こういう力がつくよ」などと、ぜひ一緒に考えてあげましょう。何か1つでも、いまの仕事をすることへの意味や意義を感じられれば、メンバーは自ら走り出すようになります。

ぜひ、あなたのメンバーにも、**「この仕事を通して、○○さんの人生はこんなふうによくなる」「こんな意味があるんだよ」**ということを知ってもらえるような機会を与えましょう。

「最初は『こんな仕事、嫌だな』と思っていたけど、やっていくうちに、『この仕事をして心底よかった』と思えるようになりました」とメンバーが感慨深く過去を振り返るようにすることができれば、あなたも一人前のリーダーです。

第4章
「任せ方の基本」のエッセンス

◎メンバーに任せる際には、その「目的」と「理由」をきちんと伝えることが鉄則です。
◎「賞賛」「期待」「感謝」の3つでメンバーのやる気を引き出しましょう。
◎会社から与えられた目標以外の目標を共有できれば、自然とメンバーの心に火がつきます。
◎「怒る」と「叱る」の違いを理解したうえで、常にメンバーに対して「何をしてあげられるのか?」を考えましょう。
◎「弱み」を「期待」に変えて伝えれば、メンバーのさらなる成長が期待できます。
◎メンバーが対立したら、感情に流されず、客観的な事実の把握に努めましょう。
◎女性リーダーが男性に媚びると、とたんに女性メンバーは離れていきます。
◎「べき論」にとらわれすぎている女性リーダーは、「柔軟主義」を取り入れると視界が開けます。
◎変化を恐れない強いチームにするためには、未経験の仕事に挑ませることが大切です。
◎リーダーはタイムキーパー。仕事を数値化したうえでメンバーとコミュニケーションを図りましょう。
◎メンバーをねぎらうときは、「個人」と「チーム」の2つをセットにすることが基本です。
◎メンバーに「働く意義」を与えることもリーダーの大切な役割です。

第5章

いつの間にか「最強の味方」に変わる！

——上司とのつき合い方の基本

メンバーだけではなく、上司と「いい関係」を築くことも、
女性リーダーにとっては不可欠なことです。
上司からの信頼を勝ち取り、
かつ上司から応援される
「つき合い方の基本」をタイプ別にご紹介します。
この機会に、上司に対する理解を深めましょう。

1

〈タイプ別〉上司とのつき合い方①

女性リーダーに対していまだに否定的

あなたは、男性の上司に対して「ああ、いまだにこの人は女性の存在を軽く見ているんだな」などと思ったことはありませんか?

実際、いまの時代になっても、女性リーダーに対して「まだまだお茶くみは当然、女性の仕事」といったり、「ちゃんづけ」で呼んだり、と明らかに男尊女卑の考えをもっている男性の上司がいるのも事実です。

普通なら、「腹が立つ!」と喧嘩腰になるか、「あまりかかわらないようにしよう」と足が遠のくことでしょう。

でも、だからといって、そこであきらめてしまうのは、あまりにももったいないことだといわざるを得ません。

なぜなら、私の経験からいうと、男尊女卑に思えるタイプほど、**こちらから一歩踏み込んでいく**ことで、それを境に、急に手のひらを返したかのように、言動が快方に向かう傾向があるからです。

たとえば、

「私は女性ですが、1人の人間として○○さんを尊敬しています。ご経験豊富な○○さん、ぜひマネジメントをうまくいかせるための秘訣を教えてくださいませんか?」

と相手のテリトリーにどんどん突っ込んでいくのです。

ここでポイントになるのが、**「1人の人間として」**と強調していうことです。

「性別は関係ないよ」というメッセージが伝われば、相手も女性に対して否定的なスタンスをとりづらくなります。

男性の上司との間に意識の垣根がある場合は、あなたのほうから自己開示をしながら、その垣根を飛び越えていきましょう。

そして、

「○○についてご相談したいんですが」

「仕事の効率化を進めるうえでのポイントを教えてください」

などと、こちらから積極的に話題をもち込み、アドバイスを請うようにするのです。

その積み重ねが、必ず男性の上司との関係を好転させるはずです。

2

〔タイプ別〕上司とのつき合い方②

理解はあるものの育成ノウハウがない

以前、あるビジネス誌から、「女性にモテる人は仕事ができる」というテーマで取材を受けたことがあります。

実際、女性のマネジメントができるかどうかで評価が決まる時代になりました。

ところが、女性リーダーが成果を収めたとき、「君ってホントに優秀だね」と賞賛したりほめることはあっても、うまくいかないときに逃げ出すように自らの存在を消す男性管理職がいたりします。

彼らに悪気はないのですが、具体的な手の打ち方がわからないのです。

女性リーダーに対して一定の理解はあるものの、何か問題が起きたときにそれを解決する具体的なノウハウがない上司に対しては、**「提案型のスタイル」**がよいでしょう。

ポイントになるのは、自分だけがよくなるような提案をしないように心がけること。

たとえば、リーダーであるあなたが時短勤務をしていたとします。

よくありがちなのが、「保育園のお迎えがあるから早く帰らせてください」と女性である自分の権利だけを主張して終わらせてしまうことです。

当然、これでは芸がありません。

ここで必要なのは、自分だけがよくなることで終わらせるのではなく、たとえば「周囲の人の生産性が高まるような施策を提案する」「皆が効率よく仕事ができるよう業務の棚卸しを提案する」「仕事を若手に任せることを提案する」などなど、**他にプラスの効果が期待できるようなことを自分から提案してみることです。**

具体的には、次のような感じになります。

「私が時短勤務になるのを機に、仕事の棚卸しを積極的に進めたり、チームの連携力を高め、全員の能力の底上げになる施策を徹底的に考え、実践していきますので、ぜひご協力をお願いします！」

こういう提案の仕方ができると、上司も喜んで提案を受け入れてくれ、惜しみなく協力してくれるでしょう。

自分だけにメリットがあるような主張からは卒業し、チーム全員が幸せになれる提案型のスタイルを取り入れて、上司と「いい関係」を築いていきましょう。

3 〈タイプ別〉上司とのつき合い方③ 何かとストレスを抱えている

リーダーになると、だれもがメンバーの力を伸ばすことに力を入れることでしょう。

このとき、意外に見落とされがちなのが、**「自らの上司に〝息抜き〟をさせることができているか？」**ということです。

優秀な女性リーダーほど、何かとストレスの多い上司に一息つかせるのが上手です。

たとえば、こんな具合です。

【ケース① 社内の女性からの評判を気にして、行動できない男性上司】

男性上司 「最近、女性社員に嫌われるのが怖くて、厳しく指導することを躊躇するんだよね」
女性リーダー 「私は、それが嫌だなんて一度も感じたことなどありませんでしたよ。むしろ、厳しく叱ってくれるところがありがたいなと思っていました！」
男性上司 「皆がそう思ってくれれば嬉しいんだけどね」
女性リーダー 「女性も遠慮しているんでしょう。どんどん部長から周囲を巻き込んでいって皆を成長させてあげてください！」

【ケース②　自分の部下の仕事ぶりに不満を抱えている男性上司】

男性上司　「(冗談半分で、直属の部下について) △△はダメなんだよ。ホント仕事ができなくて困ってるんだよ」

女性リーダー　「(少しノリを合わせながら) それは○○課長が期待している証拠ですよね。ぜひ、部下の△△さんに、その期待を伝えてあげてください。きっと喜びますよ！」

相談をもちかけられたとき、「それは困りましたね……」と暗い声で応じたり、ジメッとした対応で終わらせないことです。

上司としては、「こう考えることもできますよね！」と女性リーダーから明るくいってほしいのです。

「君と話して元気が出たよ！」がゴールイメージです。

上司の息抜きになるような存在でいることができれば、自分自身も仕事がしやすくなり、ひいてはチームのメンバーも仕事をしやすくなることにつながっていきます。

上司を孤独から解放するのも、女性リーダーの役割なのです。

4

〔タイプ別〕上司とのつき合い方④
プライベートに踏み込みすぎる

「早く結婚したほうがいいんじゃないか?」に代表されるように、**「皆の前でいわれたくないな」**ということをストレートにいってくる上司に対して、何と答えてよいか困っている女性リーダーは少なくありません。

もちろん、「セクハラだ! 訴えてやる!」と騒ぎ立てて話を大きくするのは考えものです。

たしかに、上司からプライベートのことに踏み込まれて嫌になる気持ちはよくわかります。

イライラしてしまうこともあるでしょう。

でも、リーダーがあからさまに嫌がっている態度を見せると、チームの空気も重くなっていくだけ。

では、どうすればよいのでしょうか?

そんなときは、上司の言葉を逆手にとって、**「いい人がいたら紹介してくださいよ!」**

と広くアナウンスしてしまえばよいのです。

心配をしてくれているのですから、それに乗っかっていって、「素直でいい子だな」と思わせましょう。

実際、カラッとしているネアカな女性リーダーは、男女を問わず、受けがよいものです。

たとえば、「最近、ぽっちゃりしてきたね」と体型のことをいわれたとしたら、「ありえない。なんで、そんなことをいってくるの?」と思うのではなく、

「ホントですか? 最近、体重計に乗ってなかったから気づかなかった! ご飯がおいしくて、食べすぎかなあ。いいダイエット方法はないですか? あれ? ○○部長もお腹、出てません?」

などと、軽快なリズムで和気あいあいと話すようにして、**「小さな笑い」**をとってみるようにしてみましょう。

たとえ嫌なことをいわれたとしても、それをまともに受け止めて1人で悩むのではなく、明るく切り返す――。

あなたも、ぜひそんな器量のあるリーダーになってください。

周囲からの人望が高まること請け合いです。

5

〈タイプ別〉上司とのつき合い方⑤

女性へのデリカシーに欠けている

先日、ある女性リーダーから、こんな相談をいただきました。

彼女のチームの女性メンバーが課長（男性）に生理休暇を申請したところ、「えっ、この忙しいときに？　女性ってそうやって休めるからいいよね」と皆の前で大きな声でいい放ったというのです。

その光景を見ていて、**「ひどい上司！」**と思わず絶句してしまったそうです。

ただ、どうやって対処したらよいものかわからず、困り果てているとのこと。

ちなみに当の女性メンバーは「皆の前であんなことをいわれてショックで……。会社を辞めようと思っています」といっているそうです。

あなたなら、このように男性上司と女性メンバーとの板ばさみの状態になったとき、どう対応しますか？

当然のことですが、生理は男性にはないもの。

だからこそ、生理のつらさを男性上司や男性メンバーに面と向かってはいいづらいという人も多いのではないでしょうか?

私なら、まずはその女性メンバーに対して、こう声がけします。

「ショックを受けたのはよくわかるよ。だけど、くよくよ考えている時間がもったいないよね！　世の中、そういう考え方の上司もいると思って、開き直ろうよ！」

なぜなら、この種の話に女性リーダーが「わかる、わかる」と共感しすぎると、ずっと根にもってしまって、仕事に支障をきたすようになる恐れがあるからです。

だから、一定の共感は示しつつも、あえて明るく爽やかに励ましましょう。

そのうえで、上司に対してはそれとなく、次のようなコミュニケーションをとります。

「○○さんの様子がおかしいと思って話を聞いてみると、休暇申請の件、信頼している課長からのひと言で、けっこうショックを受けているみたいなんです。女性によっては仕事に身が入らないほどつらいという話も聞きます。彼女はチームの貴重な戦力として日々、頑張ってくれていますので、ご理解とフォローをお願いします」

「課長ならわかってくれると信じている」というスタンスで臨めば、こちらの話も受け入れられやすくなることでしょう。

男性上司と女性メンバー双方の間をとりもち、互いに理解し合い、歩み寄れる環境をつくるのも女性リーダーの大切な役目です。

6

〈タイプ別〉上司とのつき合い方⑥

何かにつけて女性を特別扱いする

ある男性営業が、１０００万円の案件を受注してきました。

すると上司は、その営業マンをほめるどころか、「もっと高額な単価で契約してもらえたんじゃないか？」「全力でやっていたのか？」などと責め出す始末。

同じタイミングで、女性営業が１０００万円の案件を受注してきました。

ところが、同じ受注額なのにもかかわらず、今度は「よくやってきたな、１０００万円も。すごいじゃないか！」「やり手だな」とほめまくるのです。

男性には「もっとやれ」、女性には「すごい！」と拍手までしてくる……。

女性としては、男性へのダメ出しを聞いていたので、「皆の前でほめられても、かえって恥ずかしい。特別扱いされて気まずい！」となってしまいますよね。

じつは、女性の活躍推進に取り組んでいる企業ほど、こうしたケースは珍しくありません。

というのは、男性管理職が**「女性を特別扱いしなければいけない」**と思い込んでいるからです。

しかも、その女性がリーダーであったとしてもです。

もし、あなたが女性だからという理由で特別扱いされたらどう感じますか？

きっと「私はメンバーも任されているのに、特別扱いされたら示しがつかない」と思うことでしょう。

そんなときは、次のように上司と話してみることをお勧めします。

「〇〇さんには、すごくよくしていただいて嬉しいです。いつも目をかけてくださって、一生懸命育てていただき、感謝しています。男性には厳しく指導していらっしゃるので、私にも同じように厳しくご指導ください！　もっと成長したいですし、もっと認められるように頑張りたいです」

そう、あくまでも前向きな気持ちを出しながら、主張すべきことはしっかりと主張してみるのです。

それでひとまず、上司の様子を見ましょう。

「厳しく見守ってほしい」ということを伝えれば、すぐにということではなくても、徐々にあなたへの対応にも不自然さが消えて、やりやすい環境になることでしょう。

7

〔タイプ別〕上司とのつき合い方⑦

「イエスマン」ばかり厚遇する

一般的にいって、懐が深いリーダーというのは、あえて自分に反論するようなメンバーをそばに置き、意見を求めるようにしているものです。

しかし、そんな勇気あるリーダーは、ほんのひと握り。

ほとんどのリーダーは「イエスマン」をそばに置きたがります。

では、あなたがそうした上司に出会ったら、どうすればよいのでしょうか?

よくあるのが、**「結果で認めてもらおう」**と考えることです。

もちろん、それも間違いではありませんが、それですべてがうまくいくとは限りません。

私も、過去にとても苦い経験があります。

「結果で黙らせてしまおう」と高い目標を達成したところ、「結果を出すリーダーは自分の地位を脅かす、うとましい存在」と敵視され、ますます冷遇されてしまったのです。

実際、イエスマンを厚遇する上司ほど、結果を出す人間に対して冷たくなるもの。その背景には、「自分がいつまでも頂点として君臨していたい」という思いがあるのでしょう。

では、こんな上司への対策は本当にないのでしょうか？

「〇〇課長のおかげで、チームの目標を達成できました！」

いわれてみれば当たり前のことですが、**「感謝」**を伝えること。これに尽きます。

その際には、できれば皆の前で、すなわちメンバーを巻き込んだ形で感謝の意を伝えるようにしましょう。

イエスマンを厚遇する上司というのは、とかく体裁や周囲の反応を気にするものなので、このような配慮が効果的です。

また、こういう上司が一番嫌うのが、自分の知らない情報があるということ。

したがって、成果が上がっているときも、そうでないときも、**こまめに進捗状況を報告すること**が大切です。

周囲に対して、「俺は部下のことは何でも知っているんだぞ」とあたかも一枚かんでいるように演出させてあげるのも、仕事を円滑に進めていくには必要なことなのです。

このように細やかな配慮をしておけば、いつかは困ったときに心強い味方になってくれることも期待できます。

単純にイエスマンになるのではなく、違った角度から応援をとりつける工夫をしてみるのです。

8

〔タイプ別〕上司とのつき合い方⑧

じつは女性の上司こそ最大にして最強の敵？

まず、質問です。

あなたには、「敵」だと思えるような人がいますか？

じつは、女性リーダーの最大の敵は、同じ女性リーダーかもしれません。

ある会社で役員としてヘッドハンティングされてきた女性リーダーAさん。

Aさんは、ハードワーキングが信条で、叩き上げで広告会社のナンバー2にまで登りつめたという、業界では伝説的な人物。

しかし、その陰では、夫や家族と別居してまで仕事に専念し続けてきたという事実がありました。

そのせいか、妊娠している女性メンバーを見て、「いまの子は守られていていいわね」といった、悪気のない励ましの（!?）キツイひと言が飛んでくることもあるというのです。

そう、いまやこうした女性上司が新米女性リーダーの最大の障壁になることだってあり得る時代なのです。

とくにバブル期に入社した女性リーダーのなかには、ほとんど産休をとらずに職場復帰している人もいます。

そんな人に対しては、嫌な顔をせず、カラッと爽やかに対応したほうが賢明です。

たとえば、「さすがですね。〇〇さん、尊敬します!」「私も見習わなければならないです。育休中もさまざまな経験を活かしながら自分をブラッシュアップして、成長して戻ってまいります!」「〇〇さんに追いつけるように頑張ります!」と爽やかに乗り切りましょう。

そのような賢い対応が、「この子は一枚上手だな」と思わせるのです。

優秀な女性リーダーは、押し引きが上手なため、人間関係で無用なトラブルを起こすことがほとんどありません。

「何を!」とプンプンと怒るのではなく、逆手にとって、ほめて返しましょう。

そもそも嫌味をまともに受け取っていたら、体がもちません。

キツイひと言にこそ、最高に爽やかな笑顔で、軽快なひと言を返せるくらいの強さをもてるようになりましょう。

9 上司と「いい関係」を築く究極の秘訣

リーダーになる人は皆、メンバー時代に優秀だったことでしょう。

しかし、そういう人ほど、人に頼ったり、人から応援してもらうことを嫌がる傾向があります。

「私、できません！」というのは、頼りない人のすることだと思っているからです。

でも、リーダーとして生き残っていこうと思うのなら、**「自分1人でできることなど限られている」**ということを早いうちに知るべきです。

とはいえ私自身、リーダーになりたての頃は、「周囲の人に支援してもらうことは仕事ができないことの証拠」だと思い込んでいました。

優秀な女性リーダーは、自分の直属の上司だけではなく、他のセクションの人間とも上手に関係を構築して、情報を共有したり、アドバイスをもらったりしています。

実際、チームで動く以上は、各方面から応援をとりつけないと大きな仕事を成し遂げることなどできませんよね。

当時の私には、その自覚が欠けていました。

「やっぱり私はリーダーに向いていない」「1人で仕事をしているほうが楽だ」「だれも私のことをわかってくれない」などと負のスパイラルに陥って、どんどん卑屈になっていったのです。

「応援され力」を高めるには、すべてのコミュニケーションを「感謝」からスタートさせることです。

メール、電話、さらには対面したときも感謝の言葉から始めましょう。

これは、相手がだれであっても同じです。

感謝からスタートするためには、以前の出来事を覚えていなければいけません。

たとえば、部長に出会ったときに「○○部長、この前の△△の件では、どうもありがとうございました」と挨拶をするなかに、この前の話をきちんと覚えていたという意味も込めるのです。

これができていないと、「この前のこと覚えているのかな?」「この前、その話をしたんじゃなかったけ?」などと評判を落としかねません。

人は、感謝されると気持ちのよいものです。

ぜひ、「応援され力」を高めて、大きな成果を上げましょう。

第5章
「上司とのつき合い方の基本」のエッセンス

◎男尊女卑の考えをもっている上司ほど、こちらから一歩踏み込んでコミュニケーションをとれば、事態が好転する可能性が高まります。

◎女性リーダーを育てるノウハウがない上司には、「提案型のスタイル」がお勧めです。

◎上司に息抜きをさせるのも、女性リーダーの務め。それが自分の仕事をラクにさせることにもつながります。

◎プライベートに踏み込みすぎる上司には、その言葉を逆手にとって明るく切り返しましょう。

◎デリカシーのない上司には、相手を立てつつも、こちらのいいたいことをソフトに伝える知恵が必要です。

◎女性を特別扱いする上司には、「自分の成長のためにも、厳しく見守ってほしいです」と伝えましょう。

◎体裁や周囲の反応に敏感な上司。このタイプには、自尊心を満たすよう細かな報告を心がければ、いつしか心強い味方に変わることが期待できます。

◎女性の上司からのキツイひと言にどう対応するかで、リーダーとしての真価が問われます。

◎上司と良好な関係を築くためにも、日頃から「応援され力」を高めましょう。

第6章

女性リーダーならではの悩みがスッキリ解消する！

――トラブル回避の基本

他の女性リーダーと差がつくのは、まさにここ。

それほどトラブル回避力は、リーダーを続けていくうえで、大きなポイントになります。

問題解決の方法を先に知っておくことで、リスクヘッジの質を高めることができます。

この章では、ピンチをチャンスに変える、逆転の対処法を学びましょう。

1

「社内の抵抗勢力」を味方に変えられるリーダーには理由がある

新米女性リーダーから、こんな質問をいただくことがあります。

「女性がリーダーであるということが気に入らないのか、男性管理職にはいわないような皮肉をいわれます。どうすればいいでしょうか？」

女性リーダーの研修などでもちかけられるさまざまな相談のなかで、必ずといってもよいほど出てくるのが**「社内の抵抗勢力」**についてのものです。

これを突破できるかどうかが、真のリーダーになれるかどうかの分岐点。

まず基本的な考えとして、**「抵抗勢力がいるのは当然」**だと受け止めるようにすること。

「こういうこともあるよね」くらいに軽く考えておいたほうがよいと思います。

なぜなら、抵抗勢力のなかには決裁権者や上層部の人もいるケースが多く、その人たちとコミュニケーションをとることは避けられないからです。

逆にいえば、この関門を潜り抜ければ、かなり道は開けると思ってください。

そこで忘れてはならないのは、その心意気をベースに**「相手を実績で黙らせてしまう」**

ということです。これができれば一番よいでしょう。

私の経験からいっても、女性リーダーに楯突いてくる人ほど、結果を出すとコロッと態度を変えるもの。まずは実績によって一目置かせるのが、第1の方法です。

しかし、すぐには実績を出すのが難しい場合もありますよね。

そのようなときは第2の方法、「私もまだまだ未熟者ですので、いろいろと教えてください!」と**一歩下がり、相手に教えを請う**のも効果的です。

もちろん、その際には、口先だけでいってその場限りで終わらせるのではなく、相手を納得させるためにも、「今後もご指導ください」と学び続け、相手に歩み寄る姿勢をしっかりと見せましょう。

第3の方法は、**「身近な人との関係をより強固にしていく」**ことです。上司、あるいは後輩を味方につけ、徐々に自分の周囲を固めていき、地道にその範囲を広げていくことです。

一見、遠回りに思えますが、一番堅実で長続きする方法です。

優秀な女性リーダーほど、抵抗勢力から認められる力をもっていますし、そうなるように努力をしています。

抵抗勢力を納得させることができれば、もともと女性がリーダーになることに賛成だったけれど、表だって表明することができなかった層からの支持も得られることでしょう。

2 メンバーを羨んだり妬んだりしないための3つの処方箋

ここ最近になって、私にコンサルティングを依頼してくださる企業の担当者から、「特定のメンバーに対して、嫌がらせやハラスメントをする女性リーダーがいる。どう対応したらいいかわからない」といった声が寄せられることが増えてきました。

たしかに、そういう女性リーダーのもとでは、「こんなところで働き続けるのは難しい」とメンバーがどんどん辞めていってしまい、企業としても死活問題になってもおかしくありません。

しかし、現実には当の女性リーダー自身が悩んでいることもあります。

「メンバーが結婚して羨ましい」と、私生活が充実しているメンバーにイラだつKさん。Kさんは独身。長くつき合っていた相手から一方的にその関係を解消されて、失意のどん底の状態だったのです。

「仕事とプライベートは別」

そう言い聞かせながら日々の仕事をしているのですが、頭ではしてはいけないこととわかっていても、こんなことをいってしまったというのです。

「結婚したからといって浮わついてないで、ちゃんと仕事してよ」「子どもがいないんだから残業しても大丈夫でしょ」などとメンバーにきつく当たってしまい、後から自己嫌悪に陥ってしまうこともしばしば。

Kさんのように、メンバーを羨んだり、妬んだりしないための処方箋は、次の3つ。

①「自分の幸せは自分で決めることができる」と自分の人生に自信をもつこと
②メンバーからも学ぶ勇気をもつこと
③メンバーの幸せを心から願う気持ちと「人は人」と考える潔さの両方をもつこと

完璧な人生などありません。

後悔のない人生を歩むためには、人と比べてどうこうではなく、自分の人生は自分で選び、自分で決断することのできる潔さが求められます。

そのうえで、メンバーからも積極的に学ぼうとする気持ちをもつようにすれば、魅力が高まり、公私ともにチャンスが広がるでしょう。

実際、そうして仕事とプライベートの両方が好循環になる女性リーダーを私はたくさん見てきました。

かくいう私自身、そうありたいと日々、努力しています。

3 女性リーダーは「孤独」を楽しめてこそ一人前

リーダーに任命された女性から、こんな相談を受けたことがあります。

「これまで周囲の人とずっといい関係でいたつもりだったんですけど、私がリーダーになるって話が出たとたん、私に対してよそよそしくなってしまった気がして……。周囲から浮くくらいなら、リーダーなんてやりたくないです」

結論からいうと、これからも1人の働く人間として活躍していこうと思っているのなら、ときには孤独になる経験も必要だと私は考えています。

もし、あなたも先の女性と同じような悩みを抱えているとしたら、まずは孤独を自分が成長するチャンスと捉えましょう。

ちょっと考えてみてください。

孤独になるということは、裏返せば**「自分1人で客観的に考える時間が増える」**ということです。

実際、だれかといつも横並びの立場で一緒にいるようでは、自分の弱点や会社の課題などが見えなくなりますよね。

振り返ってみると私自身、初めてリーダーになった頃、いったん周囲と離れることによって、よい意味でずいぶん視点が変わったものです。

だから、あなたも「自分の成長のために、あえて必要な時間なのだ」と考えるようにしましょう。

そうすると、いろいろな改善点が見えてきて、チームや会社にプラスをもたらすような提案ができるようになります。

さらには、**「メンバーたちのために何をすればよいのか?」**ということも見えてきます。大丈夫。

そうしたあなたの姿勢は、やがてメンバーたちの知るところとなり、以前と同様の関係、いやこれまで以上の関係を築くことにもつながっていきます。

ぜひ、**「孤独を楽しむ」**くらいの心の余裕を大切にしましょう。

それが、ひいては自分に自信をもち、自立した人生を手に入れるうえでの鍵にもなるのです。

4 「上司＝男性」という偏見の壁はこう乗り越えよう

私が、ある支店にリーダーとして着任したばかりの頃の話です。

お客さま　「上司を出せ！」

私　「私が上司です」

お客さま　「だから上司を出せっていってるだろう！」

私　「私が……、上司の山本ですが……」

お客さま　「はあ？　話にならん！　男を出せ！」

私の例からもわかるように、**「上司＝男性」**と思っている人は、いまだにたくさんいます。

このとき、「やっぱり女性は世間的にまだまだ認められていないんだな」などとションボリする必要はありません。

たしかに、「同じことをやっているのに、どうして女性だけそういうことをいわれるのだろう？」とイラだちを感じることもあるでしょう。そして、「そのお客さまには近づかないでおこう」と思う人もいるかもしれません。

でも、そこで引き下がってしまうのは絶対にＮＧです。

実際、優秀な女性リーダーほど、そうしたお客さまに対してすぐに電話したり、訪問したりと、**スケジュールを最優先**にして対応しています。

じつは、ここがターニングポイント。

女性に対して偏見をもっているお客さまから認められるには、「いま、実力が試されている」「ここで引き下がったらダメリーダーの烙印《らくいん》を押される」「いまが、本物のリーダーになれるかどうかの瀬戸際だ」などと、このタイミングで考えてみることです。

そしてその際には、女性の感性を訴えたり、男性にはないものばかりをアピールすることのないようにしなければなりません。

意識をニュートラルにして、ときには「責任者の私が○○さまのお話を伺います。詳しくお聞かせください」と毅然とした態度で、女性を感じさせない強い面も、もち合わせておくことが身を助けます。

一目置かれ、1人の人間として歓迎されるようになれば、**「共感能力が高く、話をよく聞く」**という女性本来のよい面も活かすことができるようになるはずです。

そうすれば、いつしかそのお客さまが最強の味方になってくれる日がくるでしょう。

5
お客さまも思わず納得する〈クレーム対応〉5つのステップ

クレームは会社にとって宝の山でもあるのと同時に、対応を間違えれば、極端にいえば会社が倒産に追い込まれる危険性もあるものです。

だからこそ、クレーム対応が上手なリーダーになれれば、会社にとってますます必要とされ、頼りにされることは間違いないでしょう。何より、クレームが起きても仕事の効率を落とさずにすみますし、あなた自身のストレスも軽減されますよね。

そこで、私が実践している、**「〈クレーム対応〉5つのステップ」**をご紹介します。

第1ステップ「共感」……クレームには解決すべきものが2種類あります。①感情問題、②事実問題の2つです。この2つは混同されがちですが、まずは何よりも先に、「そうだったんですね。そのお気持ち、よくわかります」と、お客さまの感情に寄り添い、「感情問題」を解決することに尽力しましょう。

第2ステップ「お詫び」……ここでいうお詫びとは「当社が悪かった」という全面謝罪ではなく、あくまでもお客さまの気持ちを静めるための「部分謝罪」です。感情を静めることができれば、「この人は、ちゃんと話を聞き入れて、受け入れてくれる人なんだ」と理解してもらえることでしょう。

第3ステップ「傾聴」……「感情問題」を解決できたら、詳細な事実を知るためにお客さまから話を聞くステップに移行します。具体的には、「恐れ入りますが、もう少し詳しく状況を伺わせていただいてもよろしいでしょうか？」と一気に会話を深めていきます。

第4ステップ「提案」……それまでの話を踏まえて、「それでしたら」と解決方法を提示します。メンバーを守りたい一心で反論してしまうのは本末転倒。冷静かつ客観的に判断し、お客さまの課題解決に向けた提案を行いましょう。

第5ステップ「感謝とお礼」……お客さまの納得が得られたら、最後は「感謝とお礼」で締めくくります。「ご多忙のなか、貴重なご意見をいただき、心よりお礼申し上げます。今後に活かしてまいります」と気持ちよく伝えましょう。

クレーム対応が上手なリーダーとそうでないリーダーでは、周囲からの信頼度がまったく違ってきます。

あなたには、**「クレームなら任せておいて！」**と自信をもっていえるリーダーになってほしいと思います。

6

できる女性リーダーは「上司の力の借り方」がうまい

取引先から「では、〇日の夜9時から食事をしながら打ち合わせをしましょう」などといわれると、「忙しいので行けません」と断りたくなる女性が多いのではないかと思います。ところが、いざ断ったとなると、取引先から「ノリが悪いな。前の男性担当者は来てたのに。だから女性は融通がきかないんだよ！」などといわれ、関係性が薄くなってしまうケースも。

業界によっては、接待と取引がワンセットになっているところもあります。

実際、「接待の場に来られないような女性が担当者やリーダーになると困る」というお客さまも、少なからずいるようです。

こんなときは、**「そういうお客さまもいるから」**と割り切ることも必要です。

そして、感情を入れず、シンプルに、どうしたらよいかを考えるようにしましょう。

私の場合は、**上司に同行してもらう**のが一番の得意パターンでした。

「大切なお客さまなので、ぜひお会いしたいと上司が申しております。ぜひ同席させてください」と上司を紹介したら、取引が拡大したなどという話もあるほどです。

私の知人の場合、子育て中に管理職を任されたため、取引先との会合があるときは最初だけ顔を出して、後は男性の上司に任せるようにしていました。

ただし、そうするには日頃の実務について責任をもってやっておくことが大前提。

接待以外の部分は、上司から**「さすがだね」**とほめられるレベルにしておくことです。

ちなみに上司に対応をお願いするということでいえば、子どもが急に熱を出すなど、何か理由があって早退したり、休暇をもらったりする場合も同様です。

同僚やメンバーに頼むのではなく、上司に頼む——。

女性リーダーが仕事と私生活を両立させるためには、上司との連携プレーが必要不可欠です。

上司とのパイプを強化しておけば、「私だけクライアントとの商談を外されるのでは？」と心配しなくてもすみます。

結果として、上司を巻き込みながら取引を拡大し、お客さまの満足度も上げられるようになるので、あなたの株もさらにアップすることでしょう。

7 女性リーダーのプライベートな部分はどこまで公開すればいいの？

よく女性リーダーから、「メンバーに対して自分のプライベートな話はどこまですればいいのでしょうか？」という相談を受けることがあります。

とくに女性メンバーの場合、「趣味から恋愛の話題に至るまで、同じ女性としてどんなオフタイムを過ごしているのか？」と興味をもっているケースが少なからずあるもの。「お休みの日はどうしているのですか？」「彼氏はいますか？」などと、質問攻めにあうこともあるかもしれませんね。

私の考えは、**「メンバーに対して不用意に私生活を公開しすぎることは極力、避けるべき」**というもの。

たまに自分から彼氏や旦那さんの悪口をペラペラ話す女性リーダーを見かけますが、「かわいそうに」と同情してくれる人もいれば、「この人は、この程度の女性なんだ」と残念に思う人もいるでしょう。

要は、賛否両論。

どちらかというと、マイナス面のほうが多いというのが実情です。

では、どうすればよいのでしょう?

基本的には、**「聞かれたら答える」**というスタンスでいることです。

もちろん、聞かれたからといって、全部答えてよいというわけではありません。

メンバーが不安になる話は、基本的にNGです。

たとえば、「旦那が不倫して家を出ちゃってさ」「お酒を飲まないと眠れない」など、いらぬ心配をかけるような話は極力、避けましょう。

ちなみにフェイスブックやツイッターなどといったSNSには手を出さないほうが賢明です。

メンバーから友だちを申請された際に断るのも嫌なものですし、休みの日も、こちらから「いいね」ボタンをたびたび押すのも、気が休まらないですよね。

なかには、メンバーの更新情報を見ていないと、出社したときに「見てくれていないんですか?」といわれて気まずくなってしまったと悩んでいる女性リーダーもいるほどです。

女性リーダーは、私生活の情報をうまくコントロールしましょう。

8 他人からの「紹介」は喜んで受け入れよう

先にメンバーに対して自分のプライベートをどこまで公開すればよいのかということについてお伝えしましたが、**「社外への対応」**も考えておくべきです。

女性リーダーから、たまに次のような話を聞くことがあります。

「社外の人に自分のプライベートなことまで話すことに抵抗がある」

もちろん、社内のメンバーのときと同様に、聞かれもしないのに自らプライベートのことを話す必要はありません。

ただ、取引先で、何かのきっかけでそうしたプライベートに関する質問をされた場合はどうでしょう?

私は、基本的には嘘をつかず、とくに恋愛・結婚面については仕事先、取引先の人にも正直に話しておいたほうがよいと考えています。そのほうが、いろいろな面で賛同してくれたり、応援してくれる人が出てくるからです。

さらには、とくに特定のパートナーがいないような場合は、**「紹介を断らない」**というスタンスでいたほうがよいとも考えています。

たとえば、「僕の知り合いで、○○さんに合いそうな人がいるんだけど」と提案をされたとしたら、一度は会ってみるのもよいでしょう。

紹介されたからといって、何も交際を決めたりする必要はないのですから。

紹介自体を断る場合は、紹介してくれた人との今後のおつき合いなどを考慮して、失礼のないよう爽やかに断りましょう。

たとえば、「△△さんにご紹介いただいたから、ぜひにと思っていたんですが」などとソフトに断るようにすれば、紹介してくれた人にしても、そんなに悪い気はしないはずです。もしくは、「調整してみたんですけれど、どうしても難しくて……」と心の底からお詫びするのでもよいでしょう。

「せっかく紹介してあげようとしたのに、あの態度は何だ!」と思われないようにすることが大切です。

実際、何かと忙しい女性リーダーにとって、**出会いの場というのは思っている以上に限られているもの。**

まったくその気がないというのなら話は別ですが、いろいろな刺激を受けられるという意味でも、紹介には一度のってみるのもよいかもしれません。

9

パートナーの理解はこうすれば得られる

「家族に帰りが遅いのを理解してもらえなくて、つらい！」といいながらも、ついつい仕事を優先してしまう女性リーダーの話をよく耳にします。

あなただったら、「早く帰ってきて、家のこともきちんとしてほしい」とパートナーや家族が不平・不満をいってきたら、どうしますか？

このとき、まず考えてほしいのは、**「『自分が懸命に取り組んでいる仕事』が、パートナーの幸せにどうつながっているのか？」**ということです。

もし、あなたが遅くまで働いていることで、パートナーに負担をかけているなら、「いつもありがとう」と感謝の気持ちを伝えることが大前提。

でも、それだけではパートナーの不満はおさまらないかもしれません。

では、どうすればよいのでしょうか？

その答えは、**「あなたが仕事をしている意味をパートナーと共有する」**というものです。

たとえば、パートナーが「君がいつも残業続きで、週末もろくに２人で出かけられない」という不満を訴えてきた場合、「ほら、この前、いっていたマイホームの件、何とか実現させたくて。だから、それまでは頑張ろうと思っている」というように、その先にある2人の幸せに言及します。

そのうえで、今度は自発的に応援・サポートをしてもらえるように**「少しでも早く帰れるように、あなたの力を貸してほしいの」**と投げかけるのです。

この接し方を続けていくと、パートナーの不平・不満の言い方が少しずつ変わってきます。

具体的には、「何に困っているの?」「こういうふうにすればいいんじゃないか?」というように変化してくるのです。

優秀な女性リーダーほど、「いまは大変かもしれないけれど、乗り越えられれば、きっと素晴らしいことがある」とパートナーに運命共同体の意識をもたせているもの。

仕事を優先した結果、2人の幸せが実現できるのであれば、パートナーからも納得感が得られやすくなるでしょう。

パートナーや家族から不平・不満が出たら、一度立ち止まって、**「どうすれば仕事をパートナーや家族の幸せにつなげられるか?」**と考えてみることをお勧めします。

10

優秀な女性リーダーと「売れ続ける営業」の意外な共通項

私の研修で、次のようなことを打ち明けてくる女性リーダーがいます。

「出世を目指し、着実に昇進を重ねてきた。給料も右肩上がり。

ところが、頭のなかをかけめぐるのは『出世することを目標に頑張ってきて、やっとリーダーになったけど、しんどいな』とか『同期のなかで最初にリーダーになれたのに、つらいな』といった思いばかり……」

なぜ、こんなことになってしまうのでしょうか？

それは、自分のためだけに仕事をしているからではないでしょうか？

せっかくリーダーになったのに、なぜか満ち足りない思いを抱いている人に「何のために働いているの？」と聞くと、返ってくるのはたいてい次のような答え。

「給料をたくさんもらいたいから」「どうせ働くなら役職が上のほうがいいから」「いい洋服を着たいから」「おいしいものを食べたいから」……。

そう、いずれもベクトルが自分のことだけに向いていますよね。

もちろん、自分のために働くことが間違っているというわけではありません。

それは当然のことです。

でも、それだけだと、いつしか行き詰まってしまうことになるのです。

よく「『売れる営業』になることはできても、自分のことだけしか考えていない人は決して『売れ続ける営業』にはなれない」ということがいわれますが、それと同じこと。

「売れ続ける営業」は、自分のことだけではなく、常にお客さまが幸せになることを願っています。そして、お客さまの笑顔が自分にとって最高のご褒美だと考えています。

つまり、女性リーダーの場合も、自分の幸せだけではなく、メンバーやお客さまの幸せも意識したほうが、結果として充実した毎日を送れるということなのです。

実際、意識をメンバー、お客さまなどに向けると、「もっとやれることがあったかな」と違う次元のレベルに落とし込んで考えられるようになります。

そうすれば、自ずと仕事が楽しくなってくるし、メンバーやお客さまからも喜ばれるようになります。

そう、相手から必要とされる女性になれるのです。

まさに「幸せスパイラル」――。

あなたにも、ぜひこの素晴らしい世界を体感していただきたいと思います。

第6章
「トラブル回避の基本」のエッセンス

◎抵抗勢力がいるのは当然。「実績」「謙虚な姿勢」「人的ネットワーク」の3つが状況打破の鍵になります。

◎メンバーのプライベートがどうであれ、女性リーダーには「自分は自分」と割り切る潔さが必要です。

◎「孤独」をいかに楽しめるかで、リーダーとしての成否は決まります。

◎女性を蔑視するお客さまにこそ、スケジュールを最優先して臨みましょう。

◎「共感」「お詫び」「傾聴」「提案」「感謝とお礼」がクレーム対応をする際の黄金の5ステップです。

◎取引先の接待には、上司を同行させるのも1つの手。

◎メンバーにプライベートの話をするのは極力、避けたほうが無難です。

◎社外の人がつくってくれた出会いのチャンスをムゲに断ることはやめましょう。

◎仕事をしている意味をパートナーと共有できれば、自ずと協力が得られます。

◎ベクトルを自分だけではなく、メンバーやお客さまにも向けるようにしましょう。

第7章

こうするだけで驚くほど仕事と人生が好転する！

――自分磨きの基本

仕事がうまくいくうえに、
プライベートも満ち足りたものになる――。
そんな一挙両得の方法があるなら、知りたくありませんか？
じつは、とてもシンプルで、いますぐ実践できる方法があるのです。
これまでご説明してきたリーダー術に自分磨きの習慣が加われば、
間違いなく毎日が楽しくなります！

1 優秀な女性リーダーほどチャレンジを恐れない

私が初めてリーダーを打診されたときのこと。「メンバーを任せたい」と上司に頼まれた私は、思わず「いまの私にはムリです！」と即答したことをいまでも覚えています。

ところが、「任せるのは新人2人だけだから、まずはやってみて。ダメだったら、またメンバーに戻ればいいんだから」という押しに負け、渋々引き受けた結果、見事に失敗。

当時のメンバーから、同時に**「会社を辞めたい」**といわれたのです。

私が「リーダーとはこうあるべきだ」という理想にしばられ、メンバーに仕事をさせなかったのが大きな理由でした。

具体的には、2人のメンバーの数字まで私が請け負うことで目標を達成していたのです。

それが、新たに8人のメンバーをもつことになったとたん、それまでのやり方が通用しなくなり、とうとうどうにもならない事態に……。

そのことをきっかけに、メンバーには極力、仕事を任せるようになりました。

はじめは本当にうまくいきませんでしたが、メンバーの成長を目の当たりにする機会が増えていくにつれて、「人に任せたり、人を育てるリーダー業は、喜びを感じられる素晴らしい仕事だ」ということを少しずつ知っていったのです。

最初は「リーダーなんてできるはずがない」と思い込んでいた私。

そんな私が、いまでは人を育てるリーダーという仕事に大きな喜びを感じています。

最初に背中を押してくれた上司には、感謝の気持ちでいっぱいです。

気づきの数だけ、女性のキャリアは開けていく――。

これは、何もリーダーの仕事に限った話ではありません。

やりがいがあったり、大事な仕事だというのは、チャレンジした後からわかることのほうが多いのです。

たとえば、事務をやっていた女性が、外回りの営業を命じられ、トップセールスとして開花したケースがあります。

あるいは、本社勤務だったのが、小さな営業所の地方勤務を命じられ、そこから大きなチャンスをつかんだ例だってあるのです。

女性にとってムダなキャリアは1つもありません。

自分の素晴らしい未来のためにも、まずは目の前の仕事に全力でチャレンジしていきましょう。

2 会う人すべてから惚れられる女性になろう

「私に見合う人がなかなかいない」

「仕事で忙しいから、よい出会いがない」

などといった具合に、リーダーとして忙しくなればなるほど、「恋愛面がサッパリうまくいかない」とこぼし始める女性リーダーがいます。

たしかに、恋愛をしている余裕がないほど、忙しいこともあるでしょう。

あるいは、重責を任された多忙な女性リーダーだからこそ、「仕事のできない男に魅力を感じない」「興味がない相手から好意をもたれても困る」などと思っているのかもしれません。

たしかに、私自身もそういう過去がありました。

でも、そんなときこそ、**「仕事で出会った人のすべてを惚れさせる」**くらいのつもりで、仕事をすることに没頭しましょう。

本当に優秀な女性リーダーというのは、会う人すべてを惚れさせるだけの魅力の持ち主でもあります。

これは単に女性としてきれいだとか色気がある、というような単純なことではなく、人柄からにじみでるものです。

男女のどちらから見ても、人間的魅力にあふれる女性かどうかということです。

私自身、何歳になっても、この視点を忘れずにもっていたいと毎日を過ごしています。

ビジネスも恋愛も本当に似ているなと思うのは、「この人は、社会人として素晴らしいし、1人の人間としても素晴らしい」と相手から思ってもらうことの先に、よい出会いやご縁が待っているところです。

恋愛で自分の好みの異性ばかりを探すようになると、**「思ってもみなかった相手が、じつは最高のパートナーだった」**という機会を見逃してしまいます。

たとえ「異性として見ることができない」と思うような相手だとしても、相手から「素敵な人だ」と思ってもらうのは大切なことです。

そして、これは仕事でも同じ。

そんな小さな好意を積み重ねていくことで、あなたの魅力はより高まっていくことでしょう。

3

「お勧めの本は?」に答えられるようにしておこう

リーダーになると、男性の管理職の方とお会いする機会が増えてくるものですが、**とくに男性経営者、幹部クラスの方は、良書に関心をもっている方が少なくありません。**

「お勧めは何ですか?」と聞かれたときに、サッと答えられるようになると、相手からも喜ばれます。

女性雑誌やタレントのエッセイばかり読んで、「とっさには出てこない!」などということにならないようにしておきたいものです。

本選びの際は、クライアントの同業他社に当たるものとか、なるべく政治色が強くなくて、さらには読み手の信仰の自由を侵さないものを選ぶことが基本的なマナーです。

私も時間が許す限り書店に立ち寄り、新刊や旬のトレンド本、ロングセラー本をまめにチェックするようにしています。

クライアントが何かに悩んでいるような際には、私自身がアドバイスをさせていただくのに加えて、「こういう本もありますので、ぜひ1冊読んでみてください」といくつか本をチョイスしてお伝えする場合もあります。

このようにしておけば、**「よく考えてくれているな」**と相手の気持ちをつかむこともできるでしょう。

これは相手がメンバーの場合でも同様です。

たとえば、メンバーにいいにくいことを伝えたいようなときなど、「これを読んでおくといいよ」とお勧めの本を教えることで、本を介して間接的にメッセージを伝えることができます。

また、本を通じて「あそこのページのここの部分、名言ですよね!」とメンバーと共感し合うなどということも期待できるでしょう。

なかには、「じっくりと読書をする時間なんてとれない!」と嘆く女性リーダーもいるかもしれませんが、そんなことはありません。

どうしても時間がないというなら、移動中や休日のリラックスタイムなど、**「細切れ時間」**を利用すればよいのです。

お勧めできる良書と巡りあうために、常にアンテナを張りめぐらせておきましょう。

忙しいとは思いますが、「年間１００冊読破!」を目標に、ぜひ新境地を開拓してください。

4
女性リーダーとして決して忘れてはならない2つの心がまえ

リーダーになったとたん、「私はメンバーから学ぶことはない。指示したり命令したりするのが仕事なんだから、メンバーから教えてもらうなんてあり得ない！」と感情的になる女性を目にすることがあります。

当然ながら、こんなことでは「あの人に何をいっても話が通ることはない」「自分たちに発言の権利はないの？」とメンバーから不評を買い、最終的には「あの人の指示に従って、そのとおりにやっておけばいい」と無気力なチームができあがってしまいます。

厳しい言い方かもしれませんが、リーダーになったくらいで自惚れてはいけません。

ところが、こんなことをいうと、必ずといってよいほど「でも、人の上に立つリーダーなら、自信たっぷりに見せることも大事なのでは？」と疑問の声が届きます。

たしかに、自信はないより、あったほうがよいでしょう。

大切なのは、そのバランスです。

そこで心がけてほしいのが、**「謙虚に学ぶことに対しては、だれにも負けない」**といえるくらいになること。

「まだまだ知らないことがあるなあ」と素直に認めながらも、そこから気づいたり学んだりすることにかけてはだれにも負けないくらい、強烈な向上心をもつことが大切です。

たとえば、細かい事務作業が得意なメンバーがいるとします。

一方で、あなたはそれが苦手だとするなら、そのメンバーからしっかりと学ぶようにするのです。

リーダーが謙虚で、しかも強烈な向上心をもっていれば、自然とメンバー自身も「学びたいな、教えてほしいな」という意欲が出てきます。

勇気があるリーダーとは、できないことを認め、いろいろな人から吸収したり学んだりすることができる人のことです。

そんなリーダーなら、たとえ壁にぶち当たったとしても、逃げずに、果敢に挑んでいこうとする勇気を、メンバーに与えてあげられることでしょう。

そして、その先にチームとしての成功、すなわちリーダーとしての成功が待っているのです。

5 女性ならではの「きめ細やかさ」はこう活かそう

取引先を訪問するとき、手土産をもっていくことがありますよね。

じつは、その手土産1つとっても、優秀な女性リーダーには違いがあります。

取引先を訪問するときの手土産が、行き当たりばったりで買った、ごくありきたりのお菓子になっていませんか？

たとえば、相手が3人の子どもがいるお父さんで、課長さんだとします。

こんなとき、そのお子さんの性別や年齢をあらかじめリサーチしておいて、たとえば小さいお子さんにも好まれるお菓子を用意しておくと、きめ細やかな印象を残せます。

その一方、ここで大人しか食べられない堅い煎餅などを出すと、相手によっては「もらいものだからケチをつけるわけにはいかないけれど、子どもは食べられないよな」と思うかもしれません。

つまり、**手土産1つをとっても、相手からもたれる印象はずいぶん変わってくる**ということなのです。

会社でカレンダーやボールペン、クリアケースなどをつくっていれば、それをお渡しするのもよいでしょう。

お客さまが何かの試験を受けるとき、会社のロゴ入りのボールペンを「弊社のものでよかったらお使いください」とお渡しすれば、そのちょっとした心遣いをほほえましく思ってくれるかもしれません。

会議のときにウエットティッシュやお手拭きを人数分用意して、「よかったら使ってください」と気をまわせば喜ばれますよね。

メンバーに対しても、ときには自分からお茶をいれてあげましょう。

「この前に行ったお店でおいしい紅茶を買ったから、飲んでみて」といって、疲れているメンバーをねぎらう――。

そんな姿を見て、メンバーは「リーダーなのに気がきくな」と思うものです。

きめ細やかな気くばりをできるのは、女性ならではの強み。

日頃からこれを活かすように心がけていれば、周囲からの信頼感もグンとアップすることでしょう。

6
挫折の経験こそ、さらなる飛躍への最大の武器になる

私は、挫折を経験したのにもかかわらず、「それでももう一度リーダーとしてマネジメントの舞台に戻ってきたい」と思う人に、ぜひまたリーダーになってほしいと思っています。なぜなら、挫折から這い上がろうとするリーダーは、メンバーにとっても勇気を与える存在になるからです。

私は、研修やセミナー、コンサルティング先の優秀な女性リーダーたちとお会いするたびに確信していることがあります。

それは、**「最初から完璧なリーダーはいない」**ということ。

どんなに立派に見える女性リーダーであっても、過去に苦い経験や挫折など、辛苦を味わっているのです。

人間、よいときもあれば、悪いときもあります。

だから、仮にリーダーとして挫折したとしても、「やるんじゃなかった」と思うのではなく、「これは次に進むためのステップだ」「私にとって必要な時期なのだ」と捉えましょう。

自分の苦しみや挫折を克服できた経験は、他人へのやさしさや愛情に変わり、メンバーをまっすぐに育てる確かな土台へと変わっていきます。

挫折を経験しているからこそ、

ときには、メンバーのよき未来のために心を鬼にして叱れるのです。

ときには、メンバーの悩みに心から共感し、心強い味方になれるのです。

ときには、メンバーの成功を心から祝福できるのです。

ときには、まだ結果を出していないメンバーのために一生懸命サポートができるのです。

ときには、メンバーからもたくさん教えてもらっていることに感謝できるのです。

これは私の体験から自信をもっていえることですが、失敗や挫折は、マネジメントをするうえで必ず大きな武器になります。

仮に今後、リーダーの立場を降りるようなことになったとしても、その経験はあなたがキャリアを築くうえで、さらには長い人生にとって非常に意味のあるものになるでしょう。

失敗したら、二度目のチャレンジに向かって前進していけばよいのです。

ぜひ、**「挫折しても、またやり直せる!」**ということを体現できるような人になってください。

それがきっと、あなた自身の自信や周囲の勇気に変わることでしょう。

7
産休などのブランクを活かせるかどうかは考え方しだい

「同期に先を越されて悔しい！」

「育児や介護さえなければ、私のほうが出世していた！」

このようなモヤモヤを抱えながらリーダー業務をしていたら、どうなるでしょう？

アドバイスにも迷いが生じ、メンバーは「リーダーは仕事に集中できていない」「この人についていっても大丈夫なのだろうか？」などと不安を感じるようになるでしょう。

優秀な女性リーダーほど、**「ブランク中の育児や介護で経験した大切なことと、日々のマネジメントで大切なことには共通点がある」**ということに気づいています。

育児、介護は、人のために時間を割くことになります。

思うように伝えられない子どもの気持ちをわかろうとしたり、「いま、これをしてほしい」という子どもの気持ちを察して、そのために尽くすという経験。あるいは、体調が弱っている親の悩みや不安に思っている気持ちをケアする経験。

それは職場でも同じ。たとえばメンバーが課題を抱えていたら、その不安に寄り添って、一緒に解決することができるようになります。

また、育児や介護などのブランクがあったからこそ、「これまで当たり前にしていた仕事だったけど、仕事ができるというのは、とても幸せなことなんだな」と、そのありがたみに気づくことができるし、メンバーの頑張りにもあらためて感謝できることでしょう。

ただし、注意しなければならないのは、職場に復帰する際には**「謙虚」**でなければならないということです。

私にも経験があるのですが、産休などのブランクから職場に復帰すると、メンバーや会社の状況が変わっていることがあります。

そのとき、何か取り残された気になるかもしれません。周囲に素直に聞くこともできず、以前の仕事の進め方にこだわってしまうことも……。

でも、ここは我慢のしどころ。

あくまでも謙虚な姿勢で、変化を即座に受け入れてしまいましょう。

「すごいね。進化してるね。私も勉強したいから教えて」と遠慮なく聞いてしまうのです。

そうすれば、快くメンバーは教えてくれるはずです。

いずれにしても、あなたはブランクの間に人間として一回り成長しているはずです。

謙虚に、かつ自信をもってその間の経験を仕事に活かしていきましょう。

8 リーダー業務と子育ての両立で悩んだら……

子育て中の女性リーダーと話をしていると、「リーダー業と子育ての両立がうまくいかず悩んでいる」という相談を受けることがあります。

「自分の子どもをほったらかしで、仕事にばかり時間を割いていてよいのだろうか？」

「やっぱり母親は子育てに専念するのがよいのだろうか？」と。

その気持ち、本当によくわかります。

私自身、第1子を出産した際に、「このまま仕事を続けていくのはムリかも……」と現役を退くことを何度となく考えたものです。

でも、いまでは3人の子育てをしながらも、**「仕事を続けてきてよかった」**と心底思っています。

実際、仕事でさまざまな経験を積んでいる最中だからこそ、子どもの悩みにリアルタイムで、そして的確にアドバイスできることもたくさんあります。

それに、働いているからこそ、子育ての時間を本当に幸せだと感じることもできます。

だから、「働くお母さんの子どもはかわいそう」などと思わないでほしいのです。専業主婦になって、たっぷり時間を注げばお子さんが幸せなのかというと、そうとは限りません。

逆に、働くお母さんの頑張る背中を見て、「よし、私もお母さんみたいになれるよう、頑張ろう」と自分の目標を見つけ、成長するお子さんもいらっしゃるでしょう。

さらには、子育てに協力的なお父さんの愛情を受けて、元気いっぱいの子どもに育つかもしれません。

「二兎を追うものは一兎をも得ず」の呪縛から逃れ、**「両方あるから、どちらも輝く」**という信念で、自信をもってチャレンジしていきましょう。

たしかに、ときには迷うこともあるでしょう。

でも、一度きりの人生、後悔のない毎日にしたいですよね。

そのためには、他の人に相談をするのもよいのですが、**最後の決断は自分でしましょう。**

そうすれば、「あのとき、あの人のアドバイスに従わなければよかった」と他人のせいにすることなく、「自分で決めた道だから」と堂々と胸を張って生きていけます。

あなたも、ぜひ仕事と子育ての両方を充実させる貪欲な女性になってください。

9

ときには「だらしない自分」を許してあげよう

私がまだリーダーになる前、休日なのにもかかわらずスーツ姿の同僚とバッタリ出会ったことがあります。

話を聞いてみると、

「これから知人の経営者が集まる会合に顔を出しにいくんだよ。他の人が休んでいる間に、人脈をつくらなきゃ！」

とのこと。

刺激を受けた私はさっそく、休日を利用して異業種交流会に出かけてみました。

ところが、休み明けに疲れがとれず、顔に吹き出物が出るわ、咳き込むわで体調を崩してしまいました。

そんな私の姿を見かねたのか、当時のリーダーのJさんから、こう声をかけられたのです。

「大丈夫？　ちゃんと休んでる？」

聞けば、Jさんは休みの日には家庭菜園やプランターに花を植えるなどして過ごしているとのこと。

「あえて、忙しい生活とかけ離れた時間を過ごすことで、癒されているんだ」

「自分でつくったものを食べて、おいしさを感じることで、ストレス解消をしているんだ」

当時、休むことに抵抗があった私は、その話に衝撃を受けたものですが、その後、たくさんの女性リーダーを見てきてつくづく思うのは、**「ストレス解消が上手な女性リーダーほど、仕事とは真逆の時間を意識的につくっている」**ということです。

あなたも、自らの仕事はもちろん、マネジメントなどで忙しい毎日を送っていることでしょう。

だからこそ、休日くらいはその生活リズムと違うことをしてみませんか?

Jさんの休日の過ごし方のように、ムリして人とかかわらなくてもよいのです。

休みの日も、平日と同じように朝からテキパキとしなくてもよいのです。

化粧をしなくても、さらにはお昼頃まで楽にしていてもよいのです。

ぜひ、**「ダラダラしている自分を許す休み方」**を身につけましょう。

それが、かえって日々の仕事にもプラスとなって返ってくるのです。

10

いつも「自然体」でいる女性リーダーを目指そう

リーダーになると、必然的に会議や目標管理など、何かと緊張する場面が増えることでしょう。

だからといって、リーダーであるあなたが、いつもピンと張り詰めた状態でいるようでは、いつしか周囲の人にとって「声をかけづらい存在」になってしまいますよね。

逆に、リーダーがいつも自然体でいると、それはマネジメントの武器にもなります。

なぜなら、不必要にメンバーを緊張させることが減ってくるから。

女性リーダーに対して、メンバーからよく聞くのは、「いつも気を張ってムリをしている」「スキがなさすぎて怖い」「いつも怒っているように見える」というもの。

あなたはふだんどおりにしているつもりでも、周囲からすればピリピリした雰囲気を身にまとっているように思えるのです。

メンバーは、私たちが考えている以上にリーダーをよく観察しています。

そして、そうであるからこそ、自然体でいるようにしてほしいのです。

では、女性リーダーが「自然体」になるためにはどうすればよいのでしょうか？ 方法の1つとしてあげられるのが、**「周囲に甘える」**というものです。

私にも経験があるのですが、仕事で成果を上げるようになると、それと反比例して、周囲に甘えられない女性が増えていきます。

本当は頼りたいのに、本当は手伝ってほしいのに、本音を隠して強がってしまう。

その結果、1人で抱え込んで収拾がつかなくなったり、メンバーと腹を割って話し合えない関係になり、よけいに孤立してしまいがちになる……。

まずは、「周囲に甘える自分」を許してあげましょう。

「いえ、けっこうです」と断らず、「じゃあ、お言葉に甘えて……」「ちょっとお願いしたいんだけれど……」などと、ときには素直に周囲の好意に甘えてみるのです。

きっと、周囲にとっても、憎めない存在になってくるはずです。

肩に力を入れる必要はありません。

リーダーとして、自然体でいることこそが、あなたの魅力を高めてくれるのです。

11

完璧でない女性リーダーのほうが断然うまくいく

小売業で働くJさん。率いるメンバーも10名近くになり、「創立以来の女性役員候補」と会社からも期待されていました。

Jさん自身も同期最速でリーダーに昇進したということで、やる気マンマン。ところが、リーダーになって1年が過ぎた頃、休日になると決まって月曜日に会社へ行くのが億劫になったというのです。

ちょうど研修でご一緒した際の休憩時間に、Jさんは次のようにいいました。

「私なんて、しょせんリーダーになるような人間ではないんです」

Jさんはすっかり落ち込んだ様子。

気になった私は、さらに掘り下げて話を聞いてみることに。

すると、「自分のミスをメンバーの前で認められない」「リーダーになって以来、失敗するのが怖い」といった不安を抱えていることがわかったのです。

Jさんのように、**「リーダーたるもの、失敗もしないし、ミスもしない！」**といった完壁主義に足を引っ張られている女性リーダーは少なくありません。

まずは、「リーダーであっても、失敗はある!」と考えること。

これがリーダーとしての余裕を生みます。

そうすれば、失敗をしたとしても、**「リーダーであっても、まだ学びの途中段階である」**と捉えることができるようになれます。

リーダーは完璧ではなくてもいい——。

これが、私の持論です。

完璧ではないからこそ、困難を乗り越えたとき、自信が手に入り、謙虚になれるのです。

完璧ではないからこそ、失敗が未来につながり、説得力が増すリーダーになれるのです。

完璧ではないからこそ、たくさんの気づきに出会い、ますます成長できるのです。

そのことを伝えてしばらくたったある日、Jさんから嬉しい報告がありました。

「『自分は完璧じゃなくてもいい、と考えたほうが、メンバーとの関係をよくすることができる』という発想に変えてから、メンバーも進んで自身の非を認めたり、素直にコミュニケーションをとってくれるようになりました」と。

活躍する女性リーダーは、いつでも**「まだまだ発展途上です」**と心からいえる女性。

だからこそ、魅力的なのです。

第7章
「自分磨きの基本」のエッセンス

◎仕事から、どれだけの「気づき」を得るか？　その数が多ければ多いほど、女性のキャリアは開けていきます。

◎「出会ったすべての人から惚れられる」女性を目指しましょう。

◎「時間がない」は単なる言い訳。「細切れ時間」を利用すれば、年間100冊を読むことさえ可能です。

◎謙虚さと向上心。この2つがあなたの可能性を無限に広げます。

◎手土産1つで、相手からもたれる印象はガラリと変わります。女性らしい「きめ細やかさ」を忘れずに！

◎優秀な女性リーダーほど、過去に苦い経験や挫折など、辛苦を味わっているものです。

◎産休などによるブランクは、重要なインプットの期間。自分が成長する絶好のチャンスです。

◎仕事をとるか？　子育てをとるか？　二者択一の考えは捨て、最終的にはどちらも手に入れてしまいましょう。

◎仕事とは真逆の時間を意識的につくる――。ときには、ルーズな自分を許す心の余裕も大切です。

◎メンバーは想像以上にリーダーを見ているもの。常に自然体でいることを心がけましょう。

◎優秀な女性リーダーは、決して歩みを止めません。だからこそ、その輝きはいっそう増してくるのです。

おわりに

あなたも、きっと「理想の女性リーダー」になれる！

最後まで読んでいただき、本当にありがとうございます。

いま、ビジネスの最前線で働く女性リーダーや、これから女性リーダーになる方に、「さっそく明日から試してみたい」「ちょっとだけ自分に自信がもてた」「一歩前に踏み出す勇気をもらえた」と少しでも感じていただけたら幸いです。

もちろん、この本に書かれているすべてを、すぐに実践しなくても大丈夫です。メンバーとかかわることを恐れず、あなたらしく、1つずつ、少しずつ、できそうなものからでよいので、試しながら、日々の気づきに変えていっていただけたらと願っています。

私自身、ときには弱くて未熟な自分と向き合い、「そうだ、こうすればよかったんだ！」「もっと自分にできることはなかったのか？」と、メンバーや上司、そしてお客さまなど、たくさんの人に支えられて、多くの壁を乗り越えてきました。

そして、そうするうちに、相手から受け入れられ、喜んでもらえる自分に変わることで、**「リーダーの仕事も悪くないな」**と思えるようになったのです。

おかげさまで、いまでは少しずつ自分のよいところを発見することで、自らの存在意義を感じられるようにもなりました。

いつまでも成長する自分を感じていられるのは、本当に楽しいことです。

そんな日々を、とても幸せなことだと感じています。

この本の締めくくりとして、とても大切なことをお話ししたいと思います。

あなたも日々、仕事をするなかで、「まだまだ日本の社会では、女性リーダーの存在はマイノリティだなあ」と感じることもあるでしょう。

そこで、お手本となるロールモデル探しに奔走してはみるものの、身近で目指したいと思う女性がいなくて、心が折れそうになる……。

本文でもお伝えしたことですが、ロールモデルを探そうとする必要などありません。

その時間を、自身の成長の時間にあて、ぜひあなたらしい女性リーダーになって道を切り開いてほしいのです。

そして、あなた自身が後輩から「○○さんのようになりたい！」と憧れられるような素敵な女性リーダーになっていきましょう。

自分自身がロールモデルになることこそが、じつは一番の近道だったということに後から気づく――。

そんな生き方は、とても素晴らしいと思いませんか？

最後に、いつも私に大きな力を与えてくれている家族や友人、これまで出会った、たくさんの素晴らしいお客さま。

皆さんのおかげで、いまの私があります。この場を借りて、心よりお礼を申しあげます。

また、今回も最後まで丁寧にお力添えくださった大和出版の竹下さまには感謝の気持ちでいっぱいです。

そして、この本を手にとってくださったあなた。

本当にありがとうございました。

ぜひ、近いうちに研修、コンサルティングなどで、またお会いしましょう。

リーダー力を高めれば、あなたの人生はきっと、もっともっと素晴らしいものになるはずです。

あなたのご活躍を心よりお祈りしております。

株式会社プラウド　山本幸美

「あの人についていきたい」といわれる

一生使《いっしょうつか》える「女性《じょせい》リーダー」の教科書《きょうかしょ》

2015年 6月 30日　初版発行
2023年 7月 29日　17刷発行

著　者……山本幸美《やまもとゆきみ》

発行者……塚田太郎
発行所……株式会社大和出版
東京都文京区音羽 1-26-11　〒112-0013
電話　営業部 03-5978-8121 ／編集部 03-5978-8131
http://www.daiwashuppan.com
印刷所……誠宏印刷株式会社
製本所……株式会社積信堂

ISBN978-4-8047-1814-9